HISTOIRE DE LA CHINE

DU MÊME AUTEUR

Nicolas Fréret (1688-1749) : réflexions d'un humaniste du XVIIIe *siècle sur la Chine*, Paris, PUF (collège de France, Mémoires de l'Institut des Hautes Études chinoises, XI), 1978, 240 p.

Moi, Arcade, interprète chinois du Roi-Soleil, Paris, Arthaud, 1985, 190 p.

Hideyoshi, bâtisseur du Japon moderne, Paris, Fayard, 1986, 350 p. (ouvrage couronné par l'Académie française, Prix Mme Eugène-Colas, 1987).

La Femme au temps des empereurs de Chine, Paris, Stock-Laurence Pernoud, 1988, 314 p. (Prix Jules-Michelet, 1988 ; rééd., Paris, Hachette, « Livre de Poche », 1990).

Les Dames du Soleil-Levant : Japonaises d'hier et d'aujourd'hui, Paris, Stock-Laurence Pernoud, 1993.

Les Arts de l'Extrême-Orient, Paris, PUF, 1994.

En collaboration avec Vadime Elisseeff :

La Civilisation japonaise, Paris, Arthaud, 1974, 672 p. (réimpression Poche en 1987 ; ouvrage couronné par l'Académie française : Prix Charles-Blanc, 1975).

La Civilisation chinoise classique, Paris, Arthaud, 1979, 650 p. (nouv. éd. Poche en 1987 ; ouvrage couronné par l'Académie française : Prix Charles-Blanc, 1980).

L'Art de l'ancien Japon, Paris, Mazenod, 1980, 620 p. (éd. américaine, 1985).

Nouvelles découvertes en Chine : l'histoire revue par l'archéologie, Fribourg, Office du Livre, 1983, 250 p. (éd. américaine, 1985).

DANIELLE ELISSEEFF

HISTOIRE DE LA CHINE

Les racines du présent

Le Grand Livre du Mois

La collection *Le Présent de l'Histoire*,
dirigée par François Bluche

a déjà publié :

François Bluche, *La Foi chrétienne, Histoire et doctrines* (1996).
Claude Dulong, de l'Institut, *Amoureuses du Grand Siècle* (1996).

À paraître en 1997 :

Christian-Philippe Chanut, *Saint Pie X*.

ISBN 2-7028-1649-5

1

VISITE DES LIEUX

Il est difficile d'échapper aux idées reçues de ses contemporains… et que dire de celles de ses ancêtres ! Nos chers aïeux – quand, d'aventure, ils étaient voyageurs au long cours – abordaient l'Asie orientale en arrivant presque toujours par le sud, après avoir traversé l'Inde et contourné la péninsule indochinoise : un itinéraire normal pour qui préférait la mer aux voies terrestres que la moindre guerre locale pouvait couper à tout instant.

Cette bonne et simple logique des transports n'est pas étrangère à la fascination que la Chine exerce sur nous depuis le XVIe siècle. Portugais, Italiens, Espagnols, Hollandais, Britanniques puis, bons derniers, les Français – tous débarquant à Canton, à Quanzhou, à Fuzhou – faisaient d'abord l'expérience du « Jiangnan » comme on dit en chinois : le sud du Fleuve par excellence, le Yangzi, que l'imaginaire français voit en bleu (le « fleuve Bleu »).

Cette Chine-là, tantôt vallonnée et montagneuse, tantôt très plate et perdue dans les eaux, est une terre de mirages. Marais, rizières et ciel s'unissent pour y créer le vert, le poissonneux, le giboyeux, le vivant, même si cette vie porte aussi miasmes et mort par malaria ou apoplexie : une Chine chauffée à blanc dans des « fours » climatiques comme Wuhan, Changsha, Chongqing. Mais la vie pourrait-elle exister sans humidité, et sans chaleur ? Une humanité suractive s'en accommode, tonique, curieuse et prompte à tous les changements, voire à tous les excès.

C'est ici assurément que la Chine ressemble le plus, et toujours, aux souvenirs de nos pères, véhiculés par les peintres et les graveurs : pas un horizon montueux où ne se dresse la silhouette d'une pagode aux toits soufflés par le vent ; pas un plan d'eau où ne glisse, marquant le départ entre terre et ciel, un bateau chargé d'hommes, de marchandises et, parfois, de rêves.

Ces derniers, pourtant, tournent facilement au cauchemar. Les historiens ont beau jeu de monter en épingle les quelques textes ou esprits curieux qui firent vibrer jadis, dans l'Empire, une fibre écologique. Dans la quotidienneté des existences individuelles, ces soucis-là apparaissent aussi peu aujourd'hui qu'hier. Et qui revient de cette Chine du Sud, à laquelle la variété de nos jardins botaniques doit tant, se défend avec peine d'un sentiment de désespoir devant l'ampleur de la catastrophe en cours : les montagnes disparaissent sous les coups des pelleteuses ; les bananiers meurent sous les dalles de béton armé qui rouillent à peine coulées ; les terres de terrassement comblent les mares et les étangs dont toute vie animale disparaît. Seuls quelques maigres canards blancs, élevés pour être vendus au marché, pataugent dans des flaques d'eau boueuse. De la vie verte d'autrefois ne restent que les buffles, tant qu'il y a des rizières. Mais elles aussi cèdent le pas, devant les arasements effectués d'urgence pour construire des villes nouvelles, déjà en ruines sitôt sorties de terre.

Sous nos yeux, le Yangzi – ses 6 000 km de long, la violence torrentielle de ses eaux rouges dans son cours supérieur, au Sichuan, la largeur de son flot sitôt passées les dernières gorges, à Yichang – subit des terrassements gigantesques, rythmant aussi la vie précaire des populations déplacées, de la flore et de la faune englouties sous le poids du plus grand barrage du monde. Hommes, animaux, végétaux, minéraux : une métamorphose cataclysmique les emporte en même temps.

HOMME-PIVOT, HOMME-NATURE

Mais cela n'affecte pas les philosophes. Ils ne cessent de le dire depuis l'Antiquité : l'humain ne s'oppose pas au naturel, il s'y fond, il en fait partie, minuscule dans l'immensité, et pourtant nécessaire à cette création qu'il ne prétend pas dominer, mais dont il ne se donne pas non plus le mal de pénétrer outre mesure les lois particulières. Puisque homme, nature et univers forment un tout, ce qui est naturel est bon pour l'homme – y compris la mort qui n'est qu'une transformation de plus – et ce qui est humain est bon pour la nature. La question de l'inadéquation de certaines activités humaines au milieu naturel ne se pose même pas puisque l'homme *est* nature.

Homme facteur d'ordre, pivot organisateur d'un monde tenté par le désordre : quel groupe humain ne se reconnaîtrait, au moins partiellement, dans cette idéologie, dans ses rêves mystiques et dans ses catastrophes ?

La nature

« … La civilisation chinoise a utilisé la nature comme garantie de la validité en droit et en raison des formes d'organisations humaines. Il ne pourrait y avoir de sociétés si celles-ci n'étaient pas le prolongement de la nature. »

Jean Lévi, *Les Fonctionnaires divins. Politique, despotisme et mystique en Chine ancienne*, Paris, Le Seuil, 1989, p. 127.

Les biologistes le savent bien : notre cerveau inclut en lui les mêmes cellules de base que celui d'une souris ; la fabuleuse richesse vivante de tout ce qui existe tient, pour l'essentiel, à des questions de proportions.

Interroger l'histoire d'« ailleurs » nous ramène – de la même manière – à nos propres secrets, jetant des éclairages imprévus sur l'indéniable unité des êtres en même temps que la complexité infinie de leur originalité. Historiens des groupes humains, des cellules ou des étoiles : les uns et les autres se posent les mêmes questions de fond, cherchant un début de sens, ou de non-sens, à tout ce qui est, à tout ce qui se vit, y compris autour de et en soi. Mais pour cela, il faut un miroir. Or, pour nous, la Chine en est un. Non pas le seul, certes, mais immense assurément. Les questions qui s'y posent, aujourd'hui plus que jamais – et pour eux et pour nous –, invitent à entreprendre le voyage, dans l'espace et dans le temps.

2

PREMIERS HOMMES ET PREMIÈRES QUESTIONS

La vie se nourrit de la vie. L'archéologie préhistorique le rappelle crûment – c'est peut-être sa plus grande utilité – à partir de matériaux quotidiens. Débris organiques infimes et outils au tranchant de pierre effilé, toujours redoutable, suggèrent des questions simples et primordiales : qui a mangé qui et comment ? Qui était le chasseur ? Quelle était la victime ? Quelle espèce a disparu ? Quelle autre a survécu ? Toutes les humanités s'y reconnaissent, toutes les philosophies y cherchent des systèmes. Les premières grandes fouilles archéologiques, menées en Chine à partir de 1920, touchaient au Paléolithique, et nul n'oserait dire que ce fut un hasard. Elles ouvraient la boîte de Pandore : celle de l'origine et de l'identité des Chinois actuels.

Une guerre mondiale et une révolution plus tard, les efforts patrimoniaux de la nouvelle Chine populaire (née en octobre 1949) se portaient derechef, et à dessein, sur un site préhistorique. Cette fois-ci les crédits de fouilles furent attribués par priorité à l'équipe dégageant Banpo, un établissement néolithique de la vallée de la Wei (près de l'actuelle ville de Xi'an). Ce choix n'avait rien d'aléatoire. Avec ses fonds de cabanes groupées autour des traces d'un édifice plus vaste, avec ses ateliers de potiers en deçà du vallum cernant le village, ses tombes au-delà, Banpo nourrissait, dans la Chine communiste de fraîche date, les théories, alors à la mode, relatives à la naissance des civilisations. Selon leurs penchants optimistes ou pessimistes, suivant qu'ils préféraient croire au progrès ou fulminer contre les erreurs du passé, les uns retrouvaient à Banpo le sain équilibre des temps où les classes sociales n'existaient pas encore, et les autres y stigmatisaient les ténèbres, la vie dure et courte des siècles pré-esclavagistes.

Ce mouvement d'intérêt officiel pour l'archéologie des sociétés les plus anciennes dura une bonne quarantaine d'années, en fait jusqu'au début des années 90. Il semble aujourd'hui s'épuiser, au moins pour deux raisons. La première relève d'un calcul financier : les fouilles préhistoriques, en Chine comme ailleurs, coûtent cher sans pour autant révéler – sauf exception – de ces peintures et sculptures spectaculaires qui font accourir les amateurs d'art du monde entier. Au fil des années, et la politique économique de la Chine évoluant comme l'on sait, la notion de rentabilité, et même de *merchandising* culturel, s'est imposée aux archéologues comme aux autres travailleurs chinois. La seconde raison – et non la moindre – tient aux rapports obligés que l'archéologie entretient avec le pouvoir politique. Tant que l'État chinois, centralisé et communiste, est resté fort, il a soutenu sans faiblir – sinon sans arrière-pensées doctrinales – la recherche archéologique élevée au rang d'une indéniable priorité. Mais, depuis que l'État s'efface – ou se construit autrement – et que se dissout le cadre général de la pensée marxiste, l'archéologie perd du terrain, cédant la place à des formes d'action culturelle plus voyantes et plus ludiques.

Il n'en reste pas moins que ce soutien étatique, affirmé pendant quatre décennies – et salué par les formules tirées de Marx et de Engels qui encadrèrent pendant si longtemps les rapports de fouilles –, ramena à la lumière un nombre impressionnant de matériaux. Quelques-uns trônent dans les nouveaux musées chinois ; certains régénèrent le marché international des objets d'art ; la grande masse s'entasse et meurt dans des dépôts de fortune. Tous alimentent des discussions d'autant plus passionnantes qu'elles débordent, par les questions qu'elles soulèvent, très largement les frontières chinoises.

Y EUT-IL, AUSSI, UN ADAM CHINOIS ?

Différentes générations de sinanthropes ajoutées aux premières, découvertes dans les années 20 – ainsi que leurs homologues d'autres régions chinoises –, dûment représentées par des débris de squelettes fossiles, apportèrent dès 1950 aux dirigeants de Pékin ce qu'ils cherchaient : la garantie que des « hommes » vivaient déjà en Chine il y a presque deux millions d'années. On parle même aujourd'hui de trois millions d'années. Les maîtres de Tian'anmen s'encombraient peu de savoir s'il s'agissait de simples hominiens (*Homo erectus*) ou de sujets appartenant à la série des *Homo habilis*, dont l'activité apparaît beaucoup plus tard (il y a 200 000 ans), ou enfin de l'homme moderne, celui dont les préhistoriens d'Occident suivent la diffusion depuis l'Afrique il y a 100 000 ans. Les anthropologues chinois ne semblent pas encore prêts à admettre l'origine africaine de l'homme moderne, pas plus que les lettrés du XVIIIe siècle ne se montraient enclins, conformément aux rêves de tant de religieux et d'érudits occidentaux de l'époque, à couler la chronologie chinoise dans celle de la Bible, et encore moins à glisser la Bible dans la chronologie chinoise.

Le vent a tourné depuis deux siècles. Rares sont ceux qui pensent encore que l'humanité chinoise descend d'un fils de Noé ! Il semble bien, en revanche, qu'elle ne puisse pas plus que les autres ignorer ses probables origines africaines. Mais elle s'en persuade difficilement, ce dont la communauté savante internationale se gausse aimablement, peut-être à tort : d'autres pays cherchent aussi Adam au pied de l'Himalaya.

Et pourtant ce regard éloigné du nôtre, distancié, critiquable assurément, mais indispensable, secoue d'une manière salutaire des certitudes peut-être, ici comme ailleurs, trop rapidement ou trop autoritairement admises. Y a-t-il, en effet, un empêchement philosophique majeur au fait que la Chine – au moins dans ses terres à climat tropical modéré – ait nourri de premières vies humaines « modernes », au même titre que l'Afrique ? Pour exprimer la question en des termes courants au siècle des Lumières : et s'il y avait des Préadamites chinois ? des Chinois avant Lucy ? avant Adam ?

3

RIEN NE SE CRÉE, TOUT SE TRANSFORME

Transformation : le maître mot, pour les sages, les alchimistes et les candidats à l'immortalité. S'il est un verbe magique, c'est bien celui-là. Tout se transforme en effet, même la terre, molle ou pulvérulente, que le feu rend solide. C'est grâce à elle que les archéologues retrouvent aujourd'hui la seule trace tangible laissée par une poussière de micro-civilisations oubliées et peuvent ainsi méditer sur la naissance des sociétés. D'un simple tesson renaissent des pans entiers de vie : la diversité géologique des terroirs – du lœss de la région de Xi'an aux argiles granitiques du Jiangnan –, l'ingéniosité d'une industrie humaine inlassable et toujours plus diversifiée, et même la percée technologique que supposent des feux d'enfer (1100 °C au Shandong dès le IIIe millénaire) dont l'entretien impliquait déjà des coupes sombres dans la couverture végétale. De plus, sur cette terre ainsi transmuée, se lisent souvent des signes ou des décors : autant de témoins qui posent aussi de difficiles questions de sens.

EXERCICES DE CRYPTOLOGIE

Des signes-motifs apparaissent en grandes séries sur des pots de la technique la plus simple : rien d'étonnant ; leurs thèmes rejoignent ceux que les hommes créent partout, au même moment de leur industrie. On y trouve des personnages masqués, maquillés ou tatoués et des animaux en grand nombre, même si certains brillent par leur absence, comme les chevaux, les bœufs, et même les chiens – rarissimes, sauf dans des provinces occidentales où l'élevage devait tenir une grande place.

Batraciens, poissons et oiseaux (pour peu qu'ils soient huppés et pourvus d'une queue élégante) pullulent, en revanche, et s'organisent volontiers en sarabandes. C'est là que l'observateur d'aujourd'hui entre dans l'inconnu. Au cœur d'un même village, les représentations, d'abord aisément lisibles, s'enflent en boursouflures au fil des générations, puis se déforment, s'accordent, s'enlacent, se décomposent et se recomposent.

Le plus étonnant est qu'elles suivent une logique graphique encore bien vivante actuellement chez certains artistes chinois. La partie vaut pour le tout : l'œil pour l'oiseau, la gueule ou la queue bifide pour le poisson, le quadrillage simulant la peau pour le crapeau. Chaque élément peut se dédoubler, s'écarteler, se dessiner cul pardessus tête. Vous croyez voir un motif floral ou stellaire ? En fait, c'est un vol d'aigrettes qui passe sous vos yeux. Méfiez-vous des apparences ! Elles ont des sens multiples et récurrents, ou jouent d'effets de répétition, mais chacun amplifie l'autre, comme les cycles de la vie.

EXERCICES D'ORGANISATION DE L'HISTOIRE : CYCLES OU PROGRÈS

Aux belles années du maoïsme, celles du Grand Bond en avant, on écrivait l'histoire chinoise selon un schéma si général qu'il peut, à vrai dire, s'appliquer n'importe où : on y voyait l'humanité passer inlassablement de l'organisation clanique à l'organisation tribale, puis à l'organisation étatique, le tout expliqué sur fond de relations culturelles et d'échanges économiques. Tout cela ressemble, aujourd'hui, à de très vieilles lunes. Bien imprudent, pourtant, qui sous-estimerait l'impact de ce modèle car il dépasse largement, en Chine, le cadre du marxisme.

Depuis le IIe siècle avant notre ère, intellectuels et hommes politiques chinois s'appuient, en bons élèves de l'historien Sima Qian (vers 140-85 avant notre ère), sur une vision cyclique du pouvoir. Celui-ci s'exercerait en vertu d'un « mandat » que le Ciel accorderait à celui qui manifeste une réelle capacité à gouverner. C'est cela un souverain, un empereur ou un chef d'État : un homme qui en impose aux autres, servi par son charisme personnel et par les circonstances.

Tant que le souverain reste en phase avec l'ordre naturel et l'ordre social, le peuple, obéissant et laborieux, prospère. Mais, du jour où le prince et ses adjoints perdent le contrôle de la vie naturelle, du jour où s'accumulent les phénomènes climatiques d'abord inquiétants, puis catastrophiques, le peuple gagne le droit à la révolte. De ce chaos, démultiplié par l'impuissance du pouvoir à y mettre un frein, naîtra plus tard un nouvel ordre, incarné par un nouveau tenant du mandat du Ciel.

Bien sûr, cette idée d'alternance perpétuelle de phases d'équilibre et de phases de troubles s'oppose largement à la conception marxiste d'une évolution progressive. Mais elle a incontestablement préparé le terrain psychologique à la réception d'autres formes de philosophie politique faisant une large place à la valeur du temps et à ses cycles. Depuis deux millénaires, elle a poussé les penseurs chinois à réfléchir sur l'évolution de la société en laquelle ils vivaient. Fallait-il lire dans les étoiles filantes des messages de satisfaction du Ciel ou, au contraire, des mises en garde ? Les intempéries, les inondations, les tremblements de terre ne grondaient-ils pas contre l'incurie des dirigeants ? Le moment n'était-il pas venu de susciter la venue d'hommes neufs ?

Quand d'autres civilisations reliaient leur histoire à une marche vers un modèle idéal, une « cité de Dieu », les Chinois pensaient la leur en termes sociaux : la preuve ultime du bon gouvernement était le calme des provinces et la prolifération de ses enfants. Dans ce système, cependant, la flèche du temps n'existe pas. Le temps tourne en rond ou retourne même en arrière : pour les penseurs confucéens, les grands modèles se situent dans le passé de l'âge d'or et non dans les lendemains qui chantent.

L'archéologie, sur ce thème, apporta en revanche beaucoup d'arguments aux tenants du progrès, auquel de toute façon il fallait croire pour des impératifs idéologiques. Les fouilles prouvèrent d'abord qu'à l'âge du Bronze, ici comme ailleurs, les dirigeants pratiquaient consciemment les sacrifices humains. Les lettrés le savaient depuis longtemps puisque Sima Qian parlait déjà de ces débordements qu'il réprouvait et qui, à ses yeux, étaient cause que le Ciel avait retiré son mandat à la première dynastie de souverains attestée en Chine, celle des Shang (vers 1700-1100 avant notre ère). Mais les archéologues révélaient d'année en année des informations vraiment bouleversantes : qui aurait pu croire, par exemple, qu'une simple épouse de souverain comme Fu Hao, morte vers 1200 avant notre ère, et dont les annales ne parlaient pas, ait pu entraîner dans son inhumation seize victimes d'accompagnement, sans parler bien sûr des animaux ? Et cette découverte (1977) venait après beaucoup d'autres, livrant sans fin les squelettes des proches du roi enterrés en sa compagnie ou ceux, décapités, des soldats ou des prisonniers que sa disparition entraînait dans les catacombes.

Les historiens marxistes étaient comblés : le stade « esclavagiste » de la société existait bel et bien ; l'histoire chinoise le prouvait, comme elle légitimait aussi par ricochet la conception des étapes suivantes, y compris celles du futur. Le président Mao, ou plutôt le célèbre poète, dramaturge et archéologue Guo Moruo, qui guidait ses choix en la matière, avait gagné son pari : le secteur choisi pour les plus lourds investissements de crédits, celui de Wuguancun – fouillé à partir de 1950 dans la ville d'Anyang (site révélé vers 1050 et fouillé pour la première fois en 1928) –, tenait toutes ses promesses.

4

ROIS ANTIQUES AUX CASQUES D'AIRAIN : LES SHANG

Les civilisations de la Mésopotamie surent, les premières au monde, passer de la cuisson de la terre à celle des minerais : nul ne le conteste. Ainsi, les Chinois, pas plus que les autres, n'innovèrent l'âge du Bronze. Mais ce qu'ils firent avec du métal, quand ils le découvrirent au début du IIe millénaire avant notre ère, présente un grand intérêt technique et esthétique : les bronzes archaïques chinois, présents dans les collections et les grands musées internationaux, en témoignent. Au-delà de leur beauté ou de leur étrangeté, au-delà des rêves et des frissons qu'elles suscitent, ces pièces posent bien des questions passionnantes et fournissent de multiples indices sur les traverses insoupçonnées que peut prendre l'évolution des technologies. L'un de leurs apports les plus originaux est ainsi de montrer tout ce que des bronziers peuvent devoir aux potiers.

Prenons un site comme Dawenkou, où l'existence d'une culture néolithique durable et raffinée fut révélée au début des années 70. La grand-route reliant Jinan, capitale de la province du Shandong, à Qufu, patrie de Confucius, y coupe la plaine alluvionnaire, au pied du mont Taishan. La chaîne montagneuse, formant contrefort du massif du Shandong plus à l'est, s'élève brusquement, abrupte, au-dessus des bras secs ou limoneux du fleuve Jaune qui s'étire tant bien que mal vers son delta. C'est la fin du lœss de la plaine ; les pierres jaspées des falaises – que les sculpteurs exploitent toujours – prennent le relai de la poussière, et cette rencontre de la terre et de la roche crée un lieu propice à des formes évoluées de vie.

C'est ici que les potiers chinois inventèrent, dès le IIIe millénaire avant notre ère, la vaisselle diversifiée, à la fois fonctionnelle et élégante, qui ornait jusqu'au début du XXe siècle les autels des ancêtres et les tables aristocratiques, et dont les formes se retrouvent plus d'une fois dans les objets usuels d'aujourd'hui : des fait-tout aux formes mammaires pour mieux s'enfoncer dans les braises et chauffer leur contenu, des plats de service sur pied tronconique et munis de couvercles qui, retournés, deviennent des assiettes, des coupes à boire aux formes étirées, élégantes et tenant bien dans la main, le tout modelé dans une pâte fine, montée ou retouchée au tour. Un engobage à base d'argile fine, riche en oxyde de fer, un passage au feu, en empêchant au maximum l'entrée de l'air, puis un enfumage brusque donnaient en fin d'opération des céramiques à enduit d'un noir profond, homogène : des pièces graciles et doucement brillantes, très difficiles à obtenir et donc réservées aux plus riches ou aux plus puissants. Ces objets-là relèvent d'une société qui ignorait encore le métal, et pourtant ils en conditionnèrent l'apparition, car c'est le moule qui fait pour l'essentiel la qualité du décor d'un bronze. Vue sous cet angle, la plaine si souvent austère, voire ingrate, du fleuve Jaune joua sans doute le rôle fondateur que lui attribuèrent longtemps les histoires dynastiques : peut-être fallait-il aller chercher ailleurs les minerais, pondéreux mais transportables ; l'indispensable terre, en revanche, était là, variée, fine, adaptable au feu des forges plus qu'aucune autre. Toujours une affaire de transformation.

QUESTIONS À UNE CASSOLETTE

Aux années difficiles de la grande Révolution culturelle (celle qui commença en 1966), le bureau d'archéologie de l'académie des Sciences sociales, à l'université de Pékin, était dirigé par le professeur Xia Nai : un sage qui sut habilement gagner la confiance de ses autorités de tutelle, le respect de ses homologues étrangers, tout en protégeant ses collections, comme sa conscience, de la fureur des inquisiteurs et réformateurs de tout poil.

Il conservait dans son cabinet de travail et montrait aux amateurs une curiosité qui, à première vue, ne payait pas de mine : un petit vase de bronze dont l'antiquité, attestée par la stratigraphie d'une fouille bien menée – au site de Erlitou (Henan), l'un des hauts lieux de l'archéologie de l'âge du Bronze –, ne faisait aucun doute ; et pourtant cet objet-là, de ses 10 cm de haut, l'empêchait visiblement de dormir. Trois pieds pointus supportaient un récipient à fond plat pourvu d'une anse, d'un bec verseur et d'une collerette : autant d'attributs qui permettaient de le remplir, de chauffer le liquide qu'il contenait, puis de servir délicatement ce dernier au convive – prêtre ou représentant des ancêtres. En somme, l'objet possédait une morphologie très normale pour un *jue* – c'est ainsi que l'on nomme ce type de pot ou cassolette à chauffer et servir l'alcool lors des banquets rituels offerts aux défunts ou dans les occasions solennelles.

La lueur à la fois pétillante et agacée qui passait pourtant dans les yeux du savant venait d'un détail impossible à oublier une fois qu'on l'avait remarqué : le bord de la collerette était soigneusement replié, comme ourlé. Son aspect suggérait un travail du métal à la feuille, donc une forme de martelage ou de forge, quand on attendait un moulage : il est assurément peu courant que l'on forge du bronze. L'usage de ce procédé paraissait même très improbable en Chine où les artisans connaissaient mieux que personne les propriétés des diverses terres, et en jouaient magistralement, depuis le Néolithique. C'est même cette parfaite connaissance des terres qui explique l'explosion – au long de deux siècles (vers 1700-1500) – du bronze dont l'apparition en Chine accuse par ailleurs un retard d'un bon millénaire sur la Mésopotamie. Ce manque de précocité eut cependant, et en bonne revanche, ses avantages : le premier fut précisément un accès rapide aux techniques de fonte les plus évoluées, au moule unique (à la cire perdue) comme aux moules à sections.

Mais la petite verseuse intrigante que le professeur Xia Nai montrait à ses visiteurs constituait bien une sorte de prodige : sa fabrication suggérait que, malgré leur extrême virtuosité dans le maniement des terres, les premiers bronziers chinois avaient aussi inventé la forge.

Toutes les autres pièces connues montraient qu'ils s'en étaient cependant détournés presque d'entrée de jeu : trop tôt venue, cette manière de procéder ne s'adaptait pas aux minerais mis en forme. En considérant les choses de loin, il apparaît que cette expérience, en apparence très vite abandonnée, portera néanmoins ses fruits, mais beaucoup plus tard. Lorsque les métallurgistes chinois se mirent à travailler le fer – météorite ou minerai ordinaire –, vers le IXe siècle avant notre ère, ils utilisèrent tout naturellement le système des moules dont une longue expérience avait montré la souplesse : cela revenait à inventer la fonte avant le fer forgé, ce qui invite à réfléchir sur les caractères régionaux et circonstanciels d'une évolution technologique souvent jugée trop hâtivement « normale » et « universelle » en fonction de critères contestables.

LES FOYERS MULTIPLES DE LA MÉTALLURGIE

L'archéologie engendre, de génération en génération, des lignées de frères ennemis clamant chacun la mort prochaine de l'autre : les nationalistes et les diffusionnistes. En Chine, et sur ce thème du bronze dont la portée déborde largement les limites politiques du pays, le débat tournait – on s'en doute – autour d'une éventuelle influence mésopotamienne. Celle-ci aurait ou non initié la découverte de la métallurgie dans son berceau chinois, qui ne pouvait qu'être seul et unique. Pour les archéologues occidentaux du début du siècle, cette idée avait le mérite de ramener un savoir-faire chinois à une origine non chinoise qui, de plus, était aussi l'une des sources de l'Occident. Les archéologues nationaux, quant à eux, marxisants ou non, désormais suivis par leurs homologues occidentaux, ont toujours combattu cette thèse, fondée sur des bases scientifiques peu solides et qui demandent à être exploitées avec prudence.

Il n'en demeure pas moins que, pendant des décennies, historiens des textes ou de l'objet, rivaux ou non, amis ou ennemis, se rencontraient au moins sur un point : la civilisation chinoise du bronze est fille du sol qui l'a vue naître, et de nulle part ailleurs, c'est-à-dire de la province du Henan, dans le bassin moyen du fleuve Jaune. Certains, comme plusieurs savants japonais, en tirèrent même des théories pour expliquer la fondation du premier État chinois dont les Histoires dynastiques et l'archéologie attestent l'existence. Ses dirigeants, les rois de la dynastie des Shang, auraient tiré leur puissance d'une politique d'expansion vers les piémonts du Nord et de l'Ouest pour la bonne raison qu'ils y étaient obligés : toute suprématie, ou même toute simple sécurité, passait par le contrôle des zones où se trouvaient les meilleures mines de cuivre et d'étain. Ainsi seraient-ils devenus les seuls maîtres du bronze, qui fit leur fortune et leur puissance tant militaire que territoriale.

Mais la découverte récente de deux sites – Sanxingdui au Sichuan (en 1986), puis Xingan au Jiangxi (en 1991) – a tout remis en cause. Plus ou moins apparentés ou totalement originaux, implantés à des centaines de kilomètres des centres métallurgiques du fleuve Jaune, ils impliquent l'existence parallèle et contemporaine (vers 1300-1100 avant notre ère) d'au moins trois grands centres bronziers. Ainsi ces régions prétendument reculées où les Shang, considérés comme les seuls maîtres du feu métallique, étaient supposés s'approvisionner en minerais abritaient aussi des métallurgistes. Ceux-ci, d'égal savoir-faire, plongeaient parfois à des sources iconographiques très différentes : les formes de Sanxingdui, par exemple, évoquent des liens avec le Yunnan et l'actuelle Birmanie.

À l'isolationnisme rigide des uns, comme au diffusionnisme simpliste et quelque peu condescendant des autres, se substitue donc un nouveau schéma : celui d'une civilisation à rhizomes, entretenant à l'occasion des liens diffus avec l'ensemble des communautés voisines. Il reste, pour les citoyens d'aujourd'hui, la révélation d'une Antiquité turbulente, beaucoup plus ouverte aux innovations technologiques qu'on ne pouvait l'imaginer trois générations plus tôt, quand les seuls récits concernant les Shang tenaient dans l'histoire officielle, telle qu'on l'enseignait aux écoliers, à la fin de l'Empire.

Le premier personnage que rencontraient les petits enfants était Pangeng. Régnant à la fin du XIVe siècle avant notre ère, il donna à la dynastie un nouveau nom auspicieux (Yin), espérant ainsi lui porter bonheur et la revigorer. Ce faisant, il inaugura en Extrême-Orient une tradition – exprimée plus tard en termes philosophiques par Confucius, et toujours bien vivante –, celle de la « rectification des noms », c'est-à-dire la mise en conformité des choses et du verbe qui les désigne, ce dernier étant doué, de fait, d'un réel pouvoir.

On trouvait aussi Wuding (XIIIe siècle avant notre ère), roi devenu le premier des prêtres, qui étendit – autoritairement – la loi des Shang à ses voisins, et réforma en la simplifiant la complexe procédure des oracles. Mais on croisait également des personnages peu recommandables, comme Wuyi, le dernier roi de la dynastie. Son passe-temps favori consistait à tirer aux flèches des outres de peau remplies de sang frais ; lorsque les outres se mettaient à saigner, Wuyi disait qu'il avait réussi à percer le ciel. Un tel personnage, plein d'*ubris*, ne pouvait – on s'en doute – que mal finir. Un jour qu'il était allé à la chasse, la foudre le surprit en rase campagne et le terrassa. Ni son fils, ni son petit-fils ne parvinrent à apaiser la colère du Ciel. Vers 1100 avant notre ère, les Shang-Yin finirent donc par disparaître, tandis que le peuple hurlait sa révolte légitime.

À personnage de perdition succède toujours, si l'on en croit la morale des Histoires, un vertueux fondateur : le duc de Zhou reprit le pouvoir. C'était un homme de l'Ouest, endurci dans ses terres de la vallée de la Wei, le principal affluent du fleuve Jaune, dans la région de l'actuelle ville de Xi'an. Pour sa lignée, comme pour celle des Shang, les Histoires officielles accumulent les portraits hauts en couleur.

Il y eut d'abord Wu – littéralement « le guerrier » –, le fondateur. Il partagea avec ses quinze frères les vertus spirituelles et matérielles de son pouvoir. Les pourvoyant des instruments rituels et des armes nécessaires, il distribua entre eux le territoire, à charge pour eux d'y assurer la paix, la prospérité, et d'y servir dignement le culte des ancêtres.

Le florilège des légendes nationales garde aussi en mémoire la personnalité du roi Mu (xe siècle avant notre ère) qui n'hésitait pas à sillonner les marches occidentales du pays chinois pour y maintenir au calme des populations nomades toujours jugées turbulentes. C'est là qu'un jour, presque mourant de soif, il but du sang de son cheval. Plus tard, l'aventure passa dans la littérature. Le sang de cheval devint du sang de grue blanche, breuvage magique qui donne l'immortalité. Ainsi le roi Mu est-il sans doute devenu immortel.

Et comme toujours, la vertu initiale de la dynastie s'épuisa au fil des générations ; les grands fondateurs cédèrent le pas aux souverains de perdition. Le plus tristement célèbre est sans doute le roi You (781-771 avant notre ère ?) ; comme il se doit, son âme se damna par une femme. Celle-ci se nommait Si. Elle était originaire du pays de Bao, si bien qu'on l'appelle traditionnellement « Si de Bao ». Les méchantes langues disent qu'elle était le fruit des amours interdites d'une dame du harem avec un homme autre que le roi. Mais la légende rapporte plus élégamment que sa mère la conçut après avoir avalé de la bave de dragon vieille de douze siècles. Dans les textes historiques, elle incarne surtout un redoutable personnage de femme perverse, se jouant des princes et des chefs d'armée. S'amusant à leur faire craindre des raids nomades alors qu'il ne se passait rien, elle émoussa leur vivacité. Quand des ennemis se présentèrent vraiment aux portes de Hao, la capitale, pas un général des garnisons voisines ne prit garde aux fanaux que le roi fit allumer d'urgence. La ville tomba, livrée au pillage. Si de Bao disparut, le roi You fut évincé et la dynastie se replia sur ses seules terres de l'intérieur : autour de Luoyi (Luoyang), sa capitale du Henan, et le bassin moyen du fleuve Jaune.

Commencèrent alors les Printemps et les Automnes (770-475) – du nom d'une ancienne chronique énonçant les événements au fil des saisons –, puis les Royaumes combattants (475-221). C'est une période de compétition économique sévère qu'appuient des stratégies et des armements de plus en plus sophistiqués. Ce fut aussi le temps où les hommes tentèrent d'organiser en un système cohérent leurs perceptions de la vie, de la mort, des enjeux du pouvoir et du sens du monde. De ces cent fleurs de la pensée traduite en écriture naquit la seule philosophie qui puisse, bon an, mal an, traverser les siècles : celle qui est consignée dans les textes.

5

NAISSANCE DE LA PHILOSOPHIE

Les religions archaïques permettent de dresser, entre la nature et les hommes, des écrans protecteurs. Ceux-ci, nourris de la violence et de l'angoisse qui habitent leurs inventeurs, ne relèvent pas de la philosophie : ils rendent compte d'observations, donnent des pouvoirs, mais ne constituent pas ce fragile château d'idées que le philosophe essaye de faire tenir debout. Un truisme que tout cela, à ceci près que les Chinois se sont demandé, fort sérieusement et dans un passé proche, ce qu'était la philosophie et s'ils en faisaient vraiment sans le savoir. La question se posa en effet à la fin du XIXe siècle, quand les partisans d'un élargissement de l'univers culturel national, secoué par l'expansion occidentale en Asie orientale, commencèrent à traduire les philosophes européens. Aussi étrange que cela puisse paraître, aujourd'hui et d'où nous sommes, la difficulté rencontrée n'était pas mince. Le terme et même la perception de la discipline ne semblaient pas exister en chinois ; ou plutôt, celle-ci n'y avait pas d'existence individuelle, fondue comme elle l'était dans une très ancienne notion, celle de *wen*.

ET SI TOUT N'ÉTAIT QUE LITTÉRATURE ?

Le *wen* recouvre en Chine tout ce qui relève du signe, de l'écrit. L'habitude acquise par les Occidentaux, depuis le XVIe siècle, est donc de traduire *wen* par « littérature ». Les Chinois ne sont pas loin de penser de même, liant étroitement forme littéraire et nature du message transmis : les concepts les plus sérieux se glissent comme naturellement dans les rythmes et les images de la poésie. Tout se passait comme si la langue écrite chinoise, usant d'idéogrammes et se trouvant ainsi, au moins en théorie et partiellement, libérée d'une totale dépendance de la parole, tendait à transformer toute pensée, comme tout sentiment, en signes graphiques. Le partage ne se faisait pas entre une pensée lyrique et une pensée rationnelle – quelle qu'eût été la logique de cette raison-là –, mais entre ce qui se parlait seulement et ce qui méritait qu'on l'écrive.

Reconnaître la notion occidentale de philosophie suggérait en revanche que l'on dissociât, au moins partiellement, l'idée exprimée de la langue – parlée, écrite ou chantée – qui permettait de l'exprimer ; cela impliquait, surtout, que l'on créât de nouvelles catégories dans le monde des idées traduites en cette langue d'école, concise et faite largement pour les yeux – à ne pas confondre avec la « langue vulgaire » des romans qui assuraient les succès populaires d'édition depuis le XVIe siècle.

L'INVENTION DE LA PHILOSOPHIE

Pour que le terme de « philosophie » entrât dans le monde des concepts chinois individualisés, il fallut donc, à la fin du XIXe siècle, utiliser un néologisme créé par les intellectuels japonais qui s'étaient posé la question depuis la rénovation de Meiji en 1868 : ainsi deux caractères nouvellement accolés (lus *tetsugaku* en japonais, *zhexue* en chinois) firent-ils entrer officiellement la « philosophie » dans les préoccupations chinoises modernes. Il y avait pourtant plus de deux millénaires que des générations d'intellectuels chinois pensaient le monde et l'organisaient, au long de chemins multiples et originaux.

Confucius

Tout le monde connaît Confucius. Voltaire et les philosophes des Lumières lui ont fait une publicité à laquelle nous sommes toujours sensibles, même si Karl Marx et Max Weber, pétris de littérature anglo-saxonne, devaient se ranger plus tard dans le clan des sinophobes ou, à tout le moins, dans celui des méfiants, et même si la haine que voua pendant longtemps la Chine populaire à maître Kong, nourrie par la volonté de faire table rase du passé, trouva indéniablement des arguments chez les théoriciens occidentaux du marxisme. Mais, depuis dix ans, Confucius revient à la mode, à telle enseigne que les manuels traditionnels d'enseignement élémentaire, ceux qui servaient depuis cent ans et plus, ceux que membres du Parti et gardes rouges jetèrent allègrement au feu – souvent avec leurs lecteurs –, ces manuels-là font depuis quelques années l'objet de rééditions multiples, étonnamment bien diffusées dans une Chine commerçante, globalement peu intéressée par le développement du marché du livre. Plus qu'un pur et simple retour au passé – mais quel passé ? –, il faut sans doute y voir la reconnaissance d'un certain bon sens, le retour vers un héritage perçu finalement comme adaptable à toutes les circonstances. Et c'est ce qui donne aujourd'hui des couleurs de modernité à une certaine pensée antique chinoise.

Confucius

« Dès le IVe siècle av. J.-C., la place éminente que Confucius adoptait dans le panthéon des pédagogues se marquait par sa désignation : "le roi sans royaume"... [S'il s'était contenté d'enseigner], il ne se serait pas distingué de la foule des lettrés et des savants qui arpentèrent la Chine à partir du VIe siècle et dont les noms sombrèrent dans l'oubli. Il fit œuvre de roi en divulguant l'enseignement... Sous couvert de restaurer dans leur pureté les institutions et l'enseignement royaux, il laïcise l'écriture... »

Jean Lévi, *Les Fonctionnaires divins. Politique, despotisme et mystique en Chine ancienne*, Paris, Le Seuil, 1989, p. 159.

Que fit donc Confucius (551-479 av. J.-C.) ? À l'entendre, rien d'autre que de remettre un peu d'ordre dans la masse des récits, des poèmes, des rituels, des codes de bonne conduite hérités de l'ancien temps et qu'il voyait foisonner autour de lui, avec cette impression bien connue que trop de lois tue la Loi. Il ne prétendit jamais innover, mais voulut en revanche très clairement remettre de l'ordre dans l'héritage culturel chinois. Autour de lui, en effet, le monde politique changeait : depuis le début de la dynastie régnante – celle des Zhou –, l'aristocratie tentait d'organiser de manière plus linéaire la succession des générations, non seulement à la tête des familles, mais également dans la hiérarchie du culte des ancêtres et, bien sûr, dans le cadre de la dévolution du trône. La transmission patrilinéaire des charges devenait la norme, rejetant dans l'ombre les transmissions latérales, d'oncle à neveu ou de frère à frère. C'est précisément ce même mouvement vers l'ordre linéaire que l'on retrouve dans la démarche de Confucius.

Du savoir ancien, il tira les éléments directement utiles à la société, laissant de côté des pans entiers de phénomènes et de textes inclassables : ceux qui parlaient du divin, trop au-dessus des hommes pour que le sage puisse l'aborder ; à l'autre bout de l'échelle, il écarta aussi ce qui avait trait à des questions triviales, aux fortes implications matérielles et techniques – dont sans doute il ne connaissait rien, comme la guerre et la stratégie. Il évacua enfin ce qui ne servait qu'à consoler, selon lui, les imbéciles et les vieilles femmes : les faits chamaniques. Les rapports entre les hommes, en revanche, devinrent le fondement de toute réflexion : une réflexion fortement inspirée par la succession justement, et qui organisait les individus selon une ligne verticale, comme celle des générations, inlassablement issues les unes des autres. C'est dans cet unique cadre qu'il s'intéressa au Ciel, que seule la rassurante présence des ancêtres rapprochait des humains. Et, peu à peu, l'inconnu céleste se trouva peuplé de suffisamment d'âmes et de mémoires entremêlées pour que les vivants n'aient plus besoin d'un dieu paternel et suprême, sinon dans le cadre d'une hiérarchie très lointaine et strictement calquée sur celle de l'administration impériale.

De l'homme Confucius, qui finit par symboliser cette attitude chinoise devant la vie, faite de pragmatisme et d'un goût prononcé pour les seuls phénomènes sociaux, il ne reste qu'un portrait moral, transmis par ses élèves. Dans le récit des *Entretiens* (*Lunyu*) qu'il eut avec eux, passe la silhouette d'un homme plein de pondération. Fils d'une famille de prêtres des cultes royaux et d'officiers pauvres, sans fief, il fut tôt orphelin ; sa mère l'éleva, exerçant sur lui une influence profonde et dont il lui rendra toujours grâce. Enfant à l'avenir incertain, sans doute, il voulut mettre de la paix dans un monde qu'il voyait verser dans la guerre, restaurer l'heureux temps d'autrefois – celui où son père était vivant ? –, apporter dignité et solidité à la vie familiale, combattre la débauche et le mensonge, prôner les intérêts généraux plus que les appétits particuliers, traquer l'égoïsme qui réduit les plus faibles à la misère. Il tenta plus d'une fois de passer à l'action. Mais, malgré l'indéniable intérêt que ses théories suscitèrent, malgré les charges, et même un ministère de la Justice, qui lui furent confiées à l'occasion, aucun chef de principauté ne souhaita s'attacher durablement ses services et aucun n'appliqua ses conseils. D'une capitale régionale à l'autre, il finit par comprendre qu'il se rendait indésirable. Il revint donc dans son pays natal, l'État de Lu. Il y ouvrit une école, d'où il diffusa ses idées. Il termina pourtant sa vie en nourrissant un vif sentiment d'échec dont ses élèves renvoient l'écho. Symbole puissant que celui-ci, et qui à la longue fit sans doute beaucoup pour la réputation du maître : le philosophe des relations sociales finit son existence sans jamais avoir pu véritablement influer sur ses contemporains.

Il avait même fait une nouvelle fois l'expérience du désordre et du malheur, voyant mourir son fils avant lui et, par définition, avant l'âge. Il ne pouvait savoir que, deux millénaires et demi plus tard, les foules de Chine et d'ailleurs viendraient à Qufu (au Shandong), toujours respectueusement, s'incliner devant leurs deux tertres funéraires. Quant à l'action dans un monde par nature en crise, d'autres allaient venir, qui reprendraient la question sur des bases parfois différentes.

UNE ANTIQUITÉ PHILOSOPHIQUE TOUJOURS PRÉSENTE : QUELQUES IDÉES PHARES

L'enseignement de Confucius tenait en cinq formules : le parangon de l'homme est le prince (*junzi*), non pas l'aristocrate bretteur et inculte que les romans de cape et d'épée ont mis à la mode aussi bien en Chine qu'en Occident, mais un homme instruit, pondéré, policé, qui pèse ses actes et ses mots. Et son originalité chinoise lui vient de ces mots-là, de ce travail sur le langage. Il veille à ce que les termes qu'il emploie expriment une réalité constatée, comprise et reconnue de tous (*zhengming*).

La rectification des noms

« ... La première occurrence de l'expression de *zhengming*, rectification des noms... nous amène aux *Entretiens* de Confucius (XIII, 3). La problématique d'une nécessaire adéquation entre les noms et ce qu'ils désignent se rencontre, quant à elle... dans... toutes les écoles de pensée, fussent-elles confucéenne, mohiste, légiste... L'imposition ou le changement de noms, prérogatives du pouvoir royal, sont ainsi donnés comme un des moyens de gouverner, l'adéquation des appellations arrêtées aux réalités qu'elles désignent comme une condition du bon ordre social... »

Karine Chemla, « Des gens, des choses, des événements et des noms », in *Revue bibliographique de sinologie*, 1993-1994, p. 421.

Sur ces bases, et sur elles seulement, il peut asseoir un bon gouvernement (*zhengzhi*), fondé sur un respect, disons « humaniste » (*ren* : la traduction d'une telle notion est rien moins que facile !) des êtres. Le quotidien de ce gouvernement, comme de toute conduite des affaires, est rythmé par des rites (*li*) : ils mettent en action les principes de la morale et définissent à eux seuls, au bout du compte, le partage entre les animaux et les hommes.

Ce message simple, déclinable à l'infini, a fait longtemps considérer Confucius comme l'unique fondateur de la pensée politique chinoise. Pourtant, bien des philosophes qui vinrent après lui s'en inspirèrent, certes, mais s'en démarquèrent, en fait, largement. Il est vrai qu'ils n'omettaient cependant jamais, un jour ou l'autre, de rendre au maître le respect qui lui était dû. Malgré un désir légitime de nouveauté et des coups de tabac plus d'une fois dramatiques – comme celui que le régime communiste leur a fait vivre de 1950 à 1982 –, des générations de Chinois aimèrent et aiment toujours à retrouver périodiquement la confirmation de leur identité dans cet état premier de la pensée nationale, berceau spirituel de leurs ancêtres.

Ce mouvement de retour aux sources fonctionne pleinement depuis quinze ans, aussi allègre en Chine populaire qu'à Taiwan ; il tente de nous faire voir en Confucius le seul penseur sérieux que la philosophie politique chinoise ait jamais compté ; le monde respire, heureux, lui aussi, de retrouver ses marques : un « saint Confucius » qui peut enfin prier pour nous – comme le disait La Mothe le Vayer, précepteur de Louis XIV – et pourtant rien n'est plus faux que cette image réduisant la philosophie chinoise à un individu.

Mengzi

À peu près cent ans après la mort du maître, naquit (ca. 372 avant notre ère), au pays de Zou (voisin du pays de Lu, patrie de maître Kong), un homme passé à la postérité sous le nom de « maître Meng », Mengzi. En Occident, il est plus connu sous le nom latinisé que lui donnèrent les jésuites : Mencius. Il mourut vers 289 av. J.-C. Comme Confucius, il subit donc, aggravée de génération en génération, l'instabilité de l'époque des Royaumes combattants ; comme lui aussi il fut professeur et, toujours comme lui, il tenta de vendre ses idées aux potentats du moment.

Sans doute se montra-t-il plus habile, ou moins ennuyeux, que le vieux maître : il semble avoir connu plus de succès. C'est du moins ce que racontent les lettrés qui, ultérieurement, écrivirent son histoire. Vu de loin, il ne paraît pourtant pas sûr que le message de Mengzi, délibérément utopiste et, par là même, peu pragmatique, ait pu vraiment s'appliquer ; il semble vraisemblable, en revanche, qu'il ait occupé agréablement les conversations dans des cénacles de cour épris d'éloquence politique et peu soucieux de résultats pratiques.

Mengzi disait s'appuyer sur Confucius, mais ne prétendait pas refaire à sa manière le parcours du grand ancien : d'ailleurs, il ne donnait aux idées qu'ils paraissaient avoir en commun ni la même place ni le même poids. De la doctrine du vieux maître, Mengzi, certes, retenait le principe essentiel du *ren* (encore une fois traduit, faute de mieux, par « humanisme ») et tentait de regarder tous les faits politiques à travers ce prisme, installé en position centrale de ses analyses. Mais il savait à l'occasion – ce que Confucius ne fit jamais sciemment – susciter des pensées contestataires, suggérer des révolutions ou, plus simplement, dans les faits, titiller l'esprit.

C'est ainsi qu'il plaçait au tout premier rang des devoirs du souverain celui d'assurer le bien-être matériel de son peuple, alors que Confucius faisait passer l'enseignement de la morale avant toute considération et ne s'occupait de remplir les ventres que dans la mesure où ils étaient vertueux. De même, quand on en venait à la définition du permis et de l'interdit, Mengzi n'y allait pas par quatre chemins : il affirmait haut et fort que « le tyrannicide n'est pas un régicide ».

Pourtant, se situant loin, dans les faits, de toute pensée véritablement révolutionnaire, Mengzi en tira surtout la matière d'un paternalisme idéologique et bienveillant. Il ne négligeait pas pour autant, en son principe, la vie quotidienne et les réalités économiques : il préconisait le groupement des familles sur des terres partagées en neuf carrés, chaque exploitant de parcelle donnant une partie de son travail et de sa production à la communauté. C'est le fameux système de distribution des terres en forme de « caractère "puits" » qu'administrateurs et lettrés devaient reprendre et tenter d'appliquer beaucoup plus tard, à partir de l'époque dite des Six Dynasties (V^e^-VIe siècles). Un jour ou l'autre, Mengzi, de siècle en siècle, revint ainsi à la mode car il « pensait positif » ; son œuvre et, plus encore, sa mise en pratique éventuelle reposaient sur une conviction optimiste, une foi profonde en la bonté de la nature humaine.

Tout le monde, cependant, ne partageait pas cet avis.

Xunzi

À Confucius et Mengzi, dont les rapports avec l'administration matérielle furent très lâches, philosophes et historiens opposent volontiers la figure de Xunzi (ca. 300-237 av. J.-C.), qui exerça la charge, bien réelle, de gouverneur de province. Faut-il y voir la réaction désabusée d'un homme usé par sa tâche, fatigué de ses responsabilités ? Il parvint à la conclusion que la nature humaine ne différait en rien de la nature animale, à ceci près qu'on pouvait, grâce aux rites, espérer l'améliorer quelque peu. Piètre consolation. C'est chez cet homme pessimiste – ou réaliste ? – que les penseurs pragmatiques des générations suivantes trouvèrent les fondements de leur inspiration. Han Fei (280-234 ou 233 av. J.-C.) et Li Si (mort en 208 av. J.-C.), dont la gestion, féroce et éclairée, fondée sur la peur des châtiments et la contrainte, contribua tant à la création de l'empire unitaire, sont ses enfants spirituels.

Il ne faut pas croire pour autant que la pensée antique se limitait à Confucius et aux courants imprégnés, peu ou prou, de son message. Il existait aussi une vigoureuse veine mystique.

Zhuangzi

Le philosophe connu sous le nom de maître Zhuang (Zhuangzi) naquit au pays de Song (actuel Henan) vers 369 et mourut en 286 avant notre ère. On dit qu'il appartenait à une famille de laqueurs au service du prince local et que, jeune homme, il aurait commencé sa carrière au bureau des rites des souverains de Chu. Lui aussi aurait pu suivre le chemin d'un Confucius. Mais il n'en fit rien : ce qui l'intéressait se passait au-delà des rites, au-delà du seuil auquel Confucius s'était arrêté.

Zhuangzi et la chaîne des êtres

« Un jour où Zhuang Zhou se promenait dans le parc de Diaoling, il vit arriver du sud une pie étrange dont les ailes avaient sept pieds d'envergure et les yeux un pouce de diamètre ; elle heurta la tempe de Zhuang Zhou en passant près de lui et alla se poser dans un bosquet de châtaigniers. « Quel est cet oiseau bizarre, se demanda Zhuang Zhou, qui a d'immenses ailes mais vole mal, qui a de grands yeux mais ne voit pas où il va ? » Il hâta le pas en relevant sa robe, braqua son arbalète et visa. Il aperçut alors une cigale qui venait de trouver un coin d'ombre et s'y reposait, oublieuse d'elle-même. Derrière elle, une mante religieuse se tenait cachée ; elle s'apprêtait à fondre sur la cigale et, ne voyant que sa proie, s'oubliait elle-même. La pie étrange se tenait derrière et, ne songeant qu'à tirer profit de l'occasion, s'oubliait aussi. Zhuang Zhou fut effrayé par ce spectacle et se dit : « Les êtres sont donc enchaînés les uns aux autres ; chacun attire sur lui [les appétits de] l'autre ! » [À cette idée] il jeta son arbalète et s'enfuit en courant. Mais ce fut alors le gardien du temple qui, l'ayant aperçu, se mit à le poursuivre en le couvrant d'injures... »

Traduit par Jean-François Billeter, « Étude sur sept dialogues du Zhuangzi », in *Études chinoises*, vol. XIII, n° 1-2, printemps-automne 1994, p. 330-331.

Construisant dans l'abstrait et l'incompréhensible, s'aventurant délibérément au-delà du perceptible, il fut sans doute le premier véritable philosophe chinois. Il fondait moins sa réflexion sur les récits et rituels des cours antiques – qui ne l'intéressaient pas – que sur les textes mystiques rassemblés sous le nom du légendaire

Laozi, où passaient les notions de voie, de souffle, d'être et de non-être. Son message, aux sens complexes, n'a pas vieilli.

Daodejing

« Le *Livre de la Voie et de la Vertu* se prête à des interprétations variées ; le recours constant à des termes polysémiques lui confère une infinité de significations se déployant sur une multiplicité de plans. La tension entre des sens divers et contradictoires, l'étagement des registres et des niveaux (moral, physiologique, politique, métaphysique) lui confèrent une dimension mystique... »

Jean Lévi, *Les Fonctionnaires divins. Politique, despotisme et mystique en Chine ancienne*, Paris, Le Seuil, 1989, p. 185-186.

Mozi

Il y avait aussi des fous, ou des hurluberlus. Le plus connu de ces derniers est Mozi. La célébrité lui vint, chez nous, des missionnaires jésuites qui lui donnèrent, dans leurs écrits à destination de l'Europe, une place et un poids qu'il n'eut, à vrai dire, sans doute jamais en Chine même. Les bons pères admiraient chez lui le philosophe de l'« amour universel » dont l'énoncé sonnait comme un écho à l'enseignement évangélique. Mais il se pourrait bien que la simple traduction des mots, fût-elle exacte, n'ait pas rendu compte de réalités diverses en des temps différents eux aussi. Toujours ce problème d'appropriation des termes cher à Confucius !

Mozi avait l'esprit religieux. Le scepticisme fondamental et sans cesse affirmé de Confucius lui semblait devoir dangereusement fâcher les dieux. Mozi détestait donc Confucius. Il lui reprochait même son amour des rites. Il n'y voyait qu'une perte de temps ; pour la même raison, il condamnait la guerre. Son programme tenait en deux mots : labourage – pour nourrir le peuple – et vénération – pour faire plaisir aux dieux. Il aimait l'autorité, la hiérarchie et, à ses yeux, l'autorité du chef s'imposait à tous d'elle-même.

Mengzi et, derrière lui, la grande majorité des philosophes chinois lui reprochèrent son ignorance totale de la notion de morale et dénoncèrent la brutalité de ses méthodes de commandement – pour faire la guerre à la guerre, lutter violemment contre la violence et imposer autoritairement cet « amour universel » dont les Occidentaux ne virent, en un premier temps, que l'habit de mots lumineux.

6

LES PREMIERS EMPIRES

UN PETIT ROI AMBITIEUX

Le roi Cheng, de la principauté de Qin, à l'ouest de la boucle du fleuve Jaune, prit officiellement ses fonctions en 246 avant notre ère – dix ans après la mort du dernier souverain Zhou (256), dont les ascendants avait tout fait pour saper le pouvoir fédérateur, bien que strictement rituel et nominal.

Le petit roi Cheng avait, maintenant, à peine treize ans, et Lü Buwei, ministre apprécié de son défunt père, n'entendait certes pas lui céder la place avant qu'il eût atteint sa majorité, voire davantage. Et de fait, le roi Cheng dut attendre 238 avant notre ère pour prendre le pouvoir personnellement, et encore, avec difficulté. Lü Buwei, mis à l'écart à grand-peine, finit, trois ans plus tard, par se laisser mourir de faim (235). Le roi Cheng ne s'en montra pas désespéré ; il rattrapait, au contraire, le temps perdu et ne se posait pas de questions inutiles : il avait pour lui la jeunesse, la force physique, l'endurance et un début d'expérience.

Comme tout grand fondateur, il se lança dans une série étourdissante d'annexions – par le glaive, la terreur économique ou la diplomatie musclée : celles-ci ne s'achevèrent qu'en 221, dix-sept ans plus tard. Le roi Cheng venait alors de créer une nouvelle Chine, unifiée : une forme d'État qui n'avait jamais existé – un empire –, étendu du golfe du Bohai à la baie d'Along.

Les clés d'une telle réussite ? La première était une armée très endurcie et bien rémunérée : outre le butin revenant aux troupes en cas de victoire, les princes de Qin, dit-on, payaient une prime pour chaque ennemi décapité. Les historiens chinois, qui eurent plus tard de bonnes raisons de se plaindre de leurs nouveaux maîtres, transmirent à des générations d'écoliers ces visions écœurantes de têtes sanguinolentes que l'on apporte devant le chef au soir des batailles, pour être comptées, puis achetées comme des pièces de gibier.

Cette armée avait aussi d'autres qualités plus tactiques, dont la première était la mobilité. C'était essentiellement une armée de fantassins, encadrés de quelques chars de guerre. La cavalerie y tenait aussi sa place, bien moindre cependant que dans d'autres principautés riches en pâturages, comme le Qi, le plus beau royaume du Shandong forestier. En fait, par bien des aspects, l'armée de Qin était rien moins que moderne. Par exemple, les soldats étaient équipés d'armes de bronze, alors même que toutes les autres forces du temps utilisaient des armes de fer, moins coûteuses, moins cassantes, aisées à produire vite et en grande quantité. Mais, si l'armée de Qin pouvait apparaître comme très traditionaliste, elle maîtrisait en revanche au plus haut point ce savoir-faire fidèle aux techniques anciennes. Elle était, enfin, soumise à une discipline implacable, sous-tendue par l'idéologie pessimiste de penseurs politiques du siècle précédent, comme Shang Yang (mort en 338 avant notre ère), ou contemporains, comme Han Fei (mort en 234 ou 233 avant notre ère) : pour eux, toute organisation sociale passait par la crainte. Ainsi, menée entre la carotte et le bâton, nourrie dans les étendues austères de l'actuel Shaanxi, où la nature – glaciale en hiver, étouffante et sèche en été – se chargeait de l'aguerrir, l'armée de Qin devait assurément préférer l'excitation aventureuse des veilles de bataille aux cantonnements sinistres de la paix. Elle fut l'instrument décisif de la conversion finale du roi Cheng en « Premier Empereur de la dynastie des Qin » (Qin Shihuangdi).

L'habile prince, de plus, avait beaucoup d'autres cordes à son arc et savait faire face à toutes les situations, s'attendant toujours au pire et ne nourrissant aucune illusion sur la nature humaine. Une histoire célèbre anime ainsi l'iconographie confucéenne qui, à partir des Han, se servit souvent du Premier Empereur pour illustrer, à partir d'angles divers, l'idée que le crime ne paie pas et en quelles extrémités un prince ou un administrateur vertueux ne doit jamais se laisser porter, même au nom d'une bonne cause.

La Grande Muraille (Changcheng)

La Grande Muraille que l'on visite aujourd'hui au nord-ouest de Pékin n'est pas celle dont la tradition historiographique chinoise attribue la création au Premier Empereur : les parties les plus anciennes ne remontent pas, en ce lieu, au-delà des Ming. L'ancienne Grande Muraille est ailleurs.

Plusieurs principautés, soucieuses de leur sécurité, commencèrent en effet à ériger de « longues murailles » (*changcheng*) dès l'époque des Printemps et des Automnes. La tendance s'accéléra sous les Royaumes combattants. Le choix original du Premier Empereur fut de maintenir, restaurer et, si nécessaire, faire relier entre eux les tronçons les plus septentrionaux des murailles bâties en couverture des principautés du nord du pays. L'ensemble de l'empire unifié devait se trouver ainsi à l'abri des incursions de voisins n'appartenant pas à la communauté chinoise.

Depuis plusieurs années, les archéologues travaillent à dégager ces tronçons anciens, dont de nouveaux vestiges ont été localisés soit par des investigations au long du tracé supposé, soit par des moyens nouveaux : par exemple grâce à un radar à imagerie spatiale américain (C/X-band Synthetic Aperture Radar), lors d'une mission de la navette Endeavour (avril 1994).

UN ATTENTAT MANQUÉ

L'affaire se noua dans la principauté de Yan – la région de l'actuelle Pékin – quand son chef, le prince Dan, accepta de recevoir sur ses terres un réfugié de marque : un général de l'armée du Qin, qu'une maladresse – ou trop d'honnêteté – avait jeté en disgrâce. De mois en mois, le prince Dan et son protégé nourrirent leur amitié que cimentait une haine commune du Qin, doublée d'une angoisse grandissante : le roi Cheng annexait les principautés de la Grande Plaine et semblait en passe de toutes les avaler. L'idée germa, un jour, que le danger ne disparaîtrait qu'avec la mort du terrible conquérant, et qu'il était urgent de l'assassiner. Le prince Dan s'adressa pour ce faire à Jinggui, tueur à gages réputé.

Jinggui accepta la proposition du prince Dan, en objectant toutefois qu'il rencontrerait beaucoup de difficultés pour aborder le roi Cheng dont la prudence, pour ne pas dire la méfiance, était légendaire. Le prince Dan et son sicaire finirent donc par imaginer le plan suivant : Jinggui se présenterait à la cour du Qin en disant vouloir offrir au roi Cheng la principauté de Yan comme sur un plateau. Il paraissait cependant certain que le roi Cheng ne se laisserait pas berner aussi facilement ; Jinggui ne pourrait pas l'approcher d'entrée de jeu, malgré ces belles promesses, à moins de donner des gages de son savoir-faire.

L'un de ces gages indispensables était la carte stratégique donnant l'implantation des garnisons du Yan. À l'époque, ces cartes constituaient de tels secrets d'État que les chefs de région, habituellement, les emportaient avec eux dans leur tombe. Si le roi Cheng apprenait que Jinggui portait sur lui la carte du Yan, il pourrait donc être impressionné : cela signifiait que l'homme présent devant lui avait vraiment gagné la confiance du prince Dan. Mais il n'était pas sûr pour autant que le roi Cheng fît venir le tueur assez près pour que ce dernier pût agir efficacement. Jinggui imagina d'apporter un second gage qui, lui, attirerait à coup sûr la curiosité du roi : la tête du fameux général en disgrâce. Le prince Dan trouva l'idée brillante, mais se montra fort gêné car le malheureux soldat était son hôte, et le tuer constituait un crime odieux et impardonnable.

Voyant faiblir la détermination du prince Dan – et donc s'évanouir tout espoir de paiement –, Jinggui s'en fut alors conter l'affaire directement au général. Ce dernier, trouvant le stratagème habile et bouillant du désir de se venger, se trancha la gorge sur-le-champ : Jinggui avait visé juste. Il ne lui restait plus qu'à découper la tête. Le prince Dan, sanglotant d'admiration, la fit emballer dignement. Puis Jinggui prépara la carte du Yan, enroulée comme elle devait l'être ; mais il glissa au milieu du rouleau un poignard dont la lame fine et acérée avait longuement trempé dans un poison violent : si le roi Cheng résistait à la blessure, il succomberait, assurément, au poison.

Jinggui avait bien combiné le guet-apens ; il put sans peine rencontrer le roi Cheng. Cependant, quand il déroula la carte pour montrer où se trouvaient les garnisons, le roi Cheng, toujours vigilant, repéra le poignard et appela à la garde. Les coups se mirent à pleuvoir ; Jinggui eut le mollet tranché. Il lança pourtant sa lame empoisonnée, mais manqua son but et périt sous les hallebardes, devant le regard mort du pauvre général dont la tête, dans la bousculade, avait roulé hors de sa boîte. Cette fois, le prince Dan eut raison d'avoir peur : le roi Cheng ne mit pas longtemps à prendre la capitale du Yan (226 avant notre ère), dont les derniers bastions résistèrent encore vaillamment pendant trois ans. Mais ils finirent inexorablement par tomber (222), la même année que le pays de Chu, au centre de la Chine, et un an avant la principauté de Qi, au Shandong.

Curieuse histoire, aussi, que celle de ce prince de Qi. Les Histoires officielles et les moralistes lui reprochent d'avoir trop écouté les colombes stipendiées par le terrible roi Cheng et leurs chansons de paix. Si une principauté était capable de résister au Qin, c'était pourtant bien celle-ci qui possédait, à l'époque, la plus belle cavalerie de Chine. Mais le roi Cheng et ses stratèges du Qin savaient que les guerres se gagnent, aussi, dans l'esprit des adversaires. Le Qi tomba en 221 avant notre ère. L'Empire pouvait naître.

LE PREMIER EMPIRE

Aujourd'hui, alors que le système fit, bon an mal an, ses preuves pendant deux millénaires et plus, chacun peut comprendre l'intérêt de l'unification. Celle-ci apportait des solutions à de grands problèmes restés en suspens dans la compétition perpétuelle et violente qui avait animé l'époque des Royaumes combattants : la régulation des eaux, la protection des frontières, la nécessaire uniformisation des lois, de l'écriture, des poids et mesures, du système monétaire, l'extension du réseau routier permettant la circulation des hommes et des marchandises. Le gouvernement selon les principes autoritaires du légisme avait notablement contribué à la victoire du Qin. Il trouvait maintenant, repris à l'échelle continentale par le ministre Li Si (mort en 208 avant notre ère) – dont les lettrés historiens ne tarderont pas à diaboliser l'image –, une application enfin conforme à l'ambition de ses créateurs.

Les vestiges découverts en 1974 à proximité de la tombe du Premier Empereur évoquent avec vivacité, par leur démesure encore sensible aujourd'hui, l'onde de choc qui passa alors sur la Chine. Elle faillit bien, pourtant, ne pas durer plus que l'homme qui l'avait lancée : le Premier Empereur disparu, en 210 avant notre ère, son fils lui succéda, certes, mais pour quatre ans seulement. Après quinze années de ce qui fut la première grande révolution culturelle chinoise – à laquelle le gouvernement maoïste fit, au XXe siècle, plus d'une fois référence –, le peuple préférait le chaos à la terreur.

Le bilan de cette fondation impériale paraît d'autant plus difficile à établir que le Premier Empereur a été longtemps connu, et perçu, seulement à travers les récits des historiographes officiels : notamment ceux du premier et du plus légitimement célèbre d'entre eux, Sima Qian (135 ?-93 ? avant notre ère). Son récit, purement factuel, s'est enflé de siècle en siècle, nourrissant l'acrimonie de la classe lettrée, comme si le travail de deuil ne devait jamais aboutir.

Il faut bien admettre que le Premier Empereur ne s'était pas montré très tendre avec ceux qui lui apportaient la contradiction : or, tel est bien le rôle ingrat qui échoit aux intellectuels. Pire : Sima Qian raconte qu'en 213 avant notre ère le Premier Empereur ordonna que l'on brulât tous les livres, sauf ceux qui contenaient des données techniques, astronomiques ou médicales. La mort atroce de quatre cents lettrés enterrés vifs aurait complété l'horreur de la scène.

Les historiens contemporains s'interrogent sur la réalité pratique de cette affaire : où les livres furent-ils rassemblés ? qui fut condamné ? comment ? où la sinistre cérémonie eut-elle lieu ? À travers ce filtre d'une critique nécessaire, l'événement prend parfois d'autres couleurs, mais ne perd rien pour autant de sa valeur exemplaire. Passablement incertain quand il passe pour un témoignage ponctuel et précis, il reçoit en revanche une force nouvelle quand il devient symbole de tous les drames partiels qui durent, ce jour-là ou un autre, se jouer à chaque niveau local de l'administration. Appeler à la lumière les « cent fleurs » des avis différents pour mieux les réduire au néant, ne pas tolérer, de fait, la moindre contestation, même constructive : ces attitudes-là ont connu au long des dynasties suffisamment d'échos en Chine pour que leur réalité de principe ne soit pas remise en cause. Le système a même particulièrement bien fonctionné au XXe siècle : d'abord à la fin des années 50, puis lors de la Révolution culturelle des années 70 ; les familles de milliers de victimes récentes sont encore présentes pour en témoigner. Et, comme à l'époque de Sima Qian, les moralistes évoquèrent la figure emblématique et terrifiante du Premier Empereur, fondateur inspiré, certes, mais que le Ciel se hâta de remplacer, afin que la civilisation (*wen*), enfin, triomphe de l'énergie pure et incontrôlée (*wu*). En 206 avant notre ère, une nouvelle dynastie prenait l'Empire en main : les Han commençaient.

LA DYNASTIE DES HAN

Derrière les protagonistes de l'histoire dont les caractères bien trempés inspirent toujours les écrivains, il se jouait aussi, sans que les individus en aient forcément une conscience claire, une partie importante à l'échelle des groupes sociaux. Depuis les débuts de l'âge du Fer, c'est-à-dire depuis environ cinq cents ans, des lignages aristocratiques issus de la famille des rois Zhou, ou leur étant apparentés par alliance, géraient les régions. Ce sont ces gens-là qui passaient maintenant au second plan. Les empereurs Han ne manquèrent pas de confirmer l'évolution : le pouvoir n'était plus automatiquement attribué par les hasards de la naissance, les liens généalogiques. Il venait ou s'envolait d'abord selon le sort du groupe de pensée auquel l'individu appartenait. En fait, il existait trois *lobbies* : légiste, confucianiste et taoïste. Suivant que l'un primait ou non sur les autres, des politiques différentes étaient mises en œuvre et, à l'échelle des personnes, des carrières s'amorçaient ou stagnaient. Les vieilles familles aristocratiques ne disparurent pas pour autant, non plus qu'elles ne renoncèrent complètement à l'action. Elles attendaient leur heure, qui sonna quelquefois au long des siècles. En fait, elles ne cessèrent jamais de jouer leur rôle antique : elles assuraient la bonne gestion des régions et, comme telles, demeuraient le dernier bastion de sécurité en cas d'effacement de l'État et de chaos maximum. Puis, chaque fois que l'ordre général se reconstituait, elles se laissaient évincer, cédant le pas aux partis et aux idéologues. À vrai dire, chaque activité correspond à des niveaux de pouvoir différents.

UNE RIVIÈRE QUI DEVIENT UN PEUPLE

Han est, depuis l'Antiquité, le nom d'une rivière de la Grande Plaine. Il devint plus tard le nom d'une principauté. C'est là que naquit Liu Bang, le chef de la rébellion contre les Qin. Quand la victoire l'éleva au rang de fondateur d'un nouveau pouvoir, il choisit le nom de son terroir pour désigner la nouvelle dynastie. Celle-ci à son tour, s'étirant sur plus de quatre siècles, marqua si fort l'histoire nationale que les Chinois gardèrent le terme de Han pour se désigner eux-mêmes, en tant qu'entité unifiée, face aux peuples de la périphérie. Ces derniers, dont les divers gouvernements chinois aimèrent à souligner les différences ethniques et culturelles qui les distinguent des Chinois du « centre », restèrent envers et contre tout des « minorités », selon le terme consacré, quelle qu'ait été par ailleurs leur situation d'appartenance réelle ou plus lâche au réseau des circonscriptions impériales.

De ces Han, l'iconographie scolaire retient trois éléments. Le premier est la partition en deux ensembles – les Han occidentaux et les Han orientaux – que sépare et lie tout à la fois l'usurpation du pouvoir par un personnage curieux, du nom de Wang Mang (9-24). C'est bien la seule dynastie impériale chinoise qui ait su retrouver intégralement son aura après qu'un homme entreprenant ait osé se présenter, pendant plusieurs années, comme le nouveau détenteur du mandat céleste. Mais cette restauration se fit dans le cadre d'un changement économique indéniable, même s'il ne fut pas forcément, et immédiatement, perçu comme tel par les contemporains.

Face à cette cassure, se dessinent donc les deux autres

images des Han : celle de la prospérité et celle de la difficulté.

Les Han occidentaux (206 av. J-C.- 9 ap. J.-C.) étaient implantés dans la région de l'actuelle ville de Xi'an, où se dressait leur capitale, Chang'an. Ils y affirmaient et imposaient l'ordre chinois, comme l'avaient fait jadis les premiers Zhou, face aux peuples vivant différemment, plus à l'ouest, dans le couloir du Hexi, sur les contreforts de l'Himalaya et sur les routes des oasis qui contournent la dépression du Tarim et le désert du Taklamakan. Cette longue suite de gouvernements implantés à l'ouest du pays correspond à une époque d'expansion et d'exploration militaire, vécue dans une certaine euphorie économique que traduisent bien les découvertes archéologiques : bronzes dorés, argentés, incrustés de pierres semi-précieuses, bijoux et linceuls de jade envahissent les tombes des grands et petits seigneurs de ce monde. Une telle richesse ne se rencontrera plus, une fois consommée l'usurpation de Wang Mang, avant plusieurs siècles.

Les Han orientaux (que l'on dit aussi postérieurs, 24-220), quant à eux, se trouvèrent acculés au repli sur la Grande Plaine. Le gouvernement s'installa à Luoyang, toujours par référence aux Zhou, mais, cette fois-ci, ceux de la fin de la dynastie, en pleine perte de puissance. Les Han ne prétendaient plus dominer leurs voisins ; ils se contentaient de leur tourner le dos, en mettant entre eux un large matelas de plaine. Le gouvernement se protégeait, caché au milieu de ses paysans, laissant aux envahisseurs de grands espaces à dévaster avant de toucher la capitale.

Ce fut une époque de désarroi, économique et spirituel. Aucun des vieux systèmes de gouvernement ne semblait fonctionner encore, pas plus que les textes philosophiques traditionnels – sauf Zhuangzi, mais il fallait être bien stoïcien pour s'y rallier – n'expliquaient le secret de l'après-mort. Et pourtant ! il allait bien falloir trouver une nouvelle forme de salut.

RÉSONANCES D'ORIENT ET D'OCCIDENT

Difficile de sortir de soi et de son histoire ! Plus difficile encore d'imaginer qu'un pan immense de l'humanité ait pu vivre et croître pendant des siècles sans avoir besoin de nous, et sans même que nous y soyons impliqués le moins du monde. C'est pourquoi les historiens sinologues, comme les occidentalistes, finissent toujours par aborder, tôt ou tard, l'épineuse question des rapports Est-Ouest : intarissable réflexion sur le thème du voyage, porteur d'une émotion d'autant plus grande que la plongée dans le temps est plus profonde.

Peut-être parce que leurs terres constituaient des points de passage obligés, les savants russes explorent actuellement d'enthousiasme cette veine à leurs yeux prometteuse. Ils reprennent une thèse développée par un Américain (H. Dubs), en 1955, selon laquelle une partie des légions de Marcus Licinius Crassus, tué lors de la bataille de Carrhae en 53 avant notre ère, seraient, de fuite en errance, arrivées aux confins de la Chine. Elles auraient, là, repris du service dans les armées des Xiongnu. Les arguments de Dubs s'articulaient autour d'une indication donnée par l'*Histoire des Han* de Ban Gu : l'historien chinois, qui écrivait au Ier siècle de notre ère, y mentionne l'étonnement des soldats chinois, désagréablement surpris par des fantassins ennemis formés « en écailles de poisson », ce qui leur permettait de s'avancer impunément sous les jets de flèches. Ban Gu raconte aussi leur stupéfaction de trouver les positions des Xiongnu défendues par une double palissade de bois confortant un rempart en talus : autant de dispositions peu communes chez les hommes de la steppe et des prairies d'Asie centrale. Pour Dubs, et ses partisans qui relancent le débat quarante ans plus tard, ces travaux ne sauraient relever que du génie militaire romain – la « tortue », le *vallum* – et matérialiseraient la réapparition lointaine des légions de Crassus. Pour d'autres, les arguments avancés sont bien minces : l'histoire des sciences a montré plus d'une fois combien les hommes, confrontés aux mêmes nécessités, inventent des solutions jamais totalement identiques, mais toujours suffisamment proches pour autoriser les théories échangistes les plus folles. Il n'est donc pas sûr que les pauvres soldats de Crassus se soient vraiment engagés auprès des Xiongnu ; mais il n'est pas possible de le contredire non plus. Il ne paraît même pas invraisemblable que certains d'entre eux, ou d'autres Romains fuyant également des causes perdues – il y en eut beaucoup à l'époque –, aient pu aussi être payés comme mercenaires par les Chinois, pour aider à la défense des frontières. Un projet archéologique international, mis sur pied en 1990, élucidera peut-être un jour la question.

Le bruit fait récemment autour de cette vieille affaire vient de l'intérêt nouveau que les historiens chinois contemporains manifestent, à leur tour, pour ces échanges antiques.

7

LES TROIS ROYAUMES ET LES SIX DYNASTIES

On dit souvent de la littérature chinoise qu'elle ignore l'épopée, que le romantisme des vies données et emportées au vent de l'honneur ne s'y glissa, par effraction et tardivement, que sous l'influence des littératures occidentales, notamment française et russe. Et si cela n'était qu'une question de circonstances ? ou qu'un effet-leurre – un de plus –, fruit de l'une de ces obsessions administratives dont les intellectuels aiment tant à se gargariser ?

L'empire mastodonte des Han, économiquement malade déjà depuis deux siècles, s'effondra (220) en l'espace de trois ans, coupé net en trois morceaux. On vit ainsi la Grande Plaine partagée en « royaumes », fondés à raison d'un par an, sans que l'on sache, à l'époque, jusqu'où irait le mouvement de morcellement. En fait, il s'arrêta à trois : le Wei (220), le Shu (dit encore royaume de Shu Han ou « Petits Han », 221) et le Wu (222). Chacun correspondait à une grande région géographique. Les Cao et les Sima, dirigeants du Wei, dominaient la Chine sèche du fleuve

Jaune ; ceux du Shu – les Liu, derniers héritiers des Han disparus – les rizières étagées du Sichuan, rouges en période sèche puis d'un vert éclatant quand le riz est en herbe ; et les maîtres du Wu régnaient sur la Chine du Yangzi, ce long fleuve jamais tari, Chine des plaines roselières et des montagnes à résineux.

Ainsi, l'État s'effritait, cédant le pas aux aristocraties locales : un schéma bien ancien mais auquel la littérature, elle-même porteuse d'une étonnante mémoire collective, allait donner, pendant un millénaire et plus, les couleurs d'un âge d'or de l'héroïsme. Peu importent, aujourd'hui, les péripéties réelles ou imaginaires qui agitèrent une époque encore un peu plus troublée que les autres. Seules comptent les aventures et les personnages qui vivent toujours dans l'esprit de nos contemporains. Et, assurément, l'épisode des Trois Royaumes y a libéré des modèles et des sentiments que la littérature comme la pensée officielles tenaient jusqu'alors sous le boisseau.

Un ouvrage publié il y a quelques années en Chine (au Sichuan, en 1989) recense plus de trois cents légendes épiques populaires, inspirées par ou situées fictivement en ce temps terrible et béni où l'effacement de l'État rendit aux aristocraties locales – anciennes ou récentes – une efficacité glissée des mains des bureaucrates. Les thèmes majeurs mettent en scène des héros merveilleux, bâtisseurs et destructeurs comme le flux même de la vie, autrement fascinants que les austères administrateurs et les penseurs pleins d'onction dont les lettrés chantaient habituellement les louanges. Ces héros concentrent en leur personne un mélange détonnant de force et de magie ; ce sont des sortes de demi-dieux sportifs et invulnérables, à la fois mystérieux et savants. Le parangon en est Zhuge Liang qui tenta, contre vents et marées, de sauver l'honneur des Han.

ZHUGE LIANG

Que ne fut pas Zhuge Liang ? Au fil des siècles, les légendes glorifièrent en lui le héros, l'homme d'État aux vues lointaines, le stratège inégalable, l'ingénieur génial et le magicien aux pouvoirs immenses. On lui attribue, dans le plus grand désordre, quantité d'inventions redoutables, comme celle des flèches enflammées, boutant le feu aux cuirasses de bambou que portaient les rebelles Man (non chinois !) des provinces du Guizhou et du Yunnan. On dit qu'il fut expert, aussi, dans la construction de l'appareillage lourd nécessaire à la guerre de siège. Il aurait fait construire, montées sur des roues, des tours en bois assez hautes pour dominer les remparts ennemis. Il aurait imaginé des tortues roulantes pour saper les bases des enceintes qu'il fallait abattre, inventé des mines que l'on glissait sous les défenses des adversaires. Il fit même construire des bœufs et des chevaux de bois – petits chefs-d'œuvre de mécanique – que l'on remontait, pour les faire avancer, en leur tordant la langue. Pendant longtemps, la tradition populaire lui attribua aussi l'invention de la brouette ; mais l'archéologie a dépouillé le héros, attestant l'usage d'une forme primitive de ce précieux engin dès les environs de notre ère, près de trois siècles avant lui. Quant à son habileté psychologique

– fabuleuse comme il se doit –, elle ne se démentit jamais, doublée de magie, jusqu'à la fin.

Ainsi va la légende. On croyait en ce temps qu'à chaque être correspondait, dans le ciel, une étoile qui s'effaçait au moment du décès. Les héros se signalaient par des étoiles plus brillantes et plus repérables que les autres. Rien d'étonnant, donc, à ce que Sima Yi, généralissime des armées du royaume de Wei et principal adversaire du Shu, observât quotidiennement l'étoile de son ennemi Zhuge Liang, qui lui menait la vie dure. Un jour, Sima Yi s'aperçut avec satisfaction que l'étoile de Zhuge Liang, enfin, pâlissait. Il en tira les conséquences et s'en réjouit, d'autant plus que les troupes du Shu, pour une fois, se trouvaient en mauvaise posture. Était-ce à cause de la faiblesse de leur chef ? Elles s'étaient laissé entraîner imprudemment dans les territoires du Wei ; ce qui pouvait passer pour une hardiesse deviendrait, si Zhuge Liang mourait, une réelle imprudence. Privées de leur grand homme, les armées du Shu constitueraient une proie facile.

Et de fait, Zhuge Liang allait fort mal, d'autant plus mal qu'il connaissait le danger en lequel sa disparition risquait de plonger son armée. Quand il sentit sa fin très proche, il fit venir son officier d'ordonnance et lui donna ses instructions. Un moment plus tard, apaisé, il rendit l'âme.

Contrairement à la coutume, on ne le mit pas en bière aussitôt : chacun savait que l'étoile s'éteindrait à l'instant même où l'on fermerait le couvercle du cercueil. Le serviteur, fidèle au désir de son maître, fit donc installer Zhuge Liang sur un lit, confortablement assis ; puis il alluma une lampe devant lui, pour conserver une atmosphère de chaleur et de lumière, comme s'il était encore vivant ; enfin il lui remplit la bouche de riz, pour retenir, autant que faire se pouvait, ses souffles dans son corps. Dans le ciel, l'étoile perdait toujours de son intensité mais, la vie mettant plus de temps que de coutume à s'échapper du cadavre, elle brûlait encore, faiblement ; et les ennemis de Zhuge Liang continuaient à trembler.

Ainsi que Zhuge Liang l'avait prévu, Sima Yi, en effet, suivait bien la lente extinction de l'étoile. Mais il n'osait bouger, craignant un stratagème et préférant attendre, prudemment, au fil des heures qui travaillaient pour lui. Pendant ce temps, les armées du Shu battaient en retraite dans la plus grande discrétion. Elles finirent par regagner leurs bases, derrière une barrière montagneuse protectrice. Quand toute la troupe fut hors de danger, l'officier fit procéder enfin aux obsèques du héros. Et l'étoile s'éteignit. Aussitôt Sima Yi, lisant dans le ciel, se lança en campagne. Mais il n'alla pas loin : il comprit tout de suite le tour ultime de Zhuge Liang. Joué, mais vainqueur sur le terrain, Sima Yi ne lui en voulut pas.

Quelques voix d'historiens s'élèvent aujourd'hui pour donner, avec de bonnes raisons, une version plus simple et moins glorieuse de la vie comme de la mort du grand homme. Ce faisant, ils mettent en évidence ce qui fit, peut-être, le vrai succès de Zhuge Liang : aussi clairvoyant fût-il, il échoua dans ce qui fut son but essentiel – réunifier l'Empire sous l'autorité du prince dont il avait embrassé la cause. Ainsi Zhuge Liang fut un *looser*, mais un *looser* génial, propre à consoler, de siècle en siècle, tous ceux qui, un jour ou l'autre, voient leur œuvre réduite à néant. Un héros à la Confucius en somme.

BRÈVE RESTAURATION IMPÉRIALE

De telles mutations occupent des vies humaines entières, mais l'historien a une autre perception du temps. En 265, moins d'un demi-siècle après sa disparition, voici que l'Empire, déjà, se reconstituait sous la houlette de la dynastie dite des Jin occidentaux (265-316). La capitale désignée fut Luoyang, au Henan. Tout recommençait, comme sous les Han orientaux. Encore un demi-siècle, cependant, et la nouvelle dynastie se trouva à son tour bousculée, contestée, contrainte de se replier sur les rives du Yangzi, à Nankin : les historiens chinois la nommèrent plus tard dynastie des Jin postérieurs ou orientaux (317-420). Quant à la Chine du Nord, il y avait beau temps qu'elle se trouvait (depuis 304) grignotée, conquise, morcelée en Seize Royaumes dirigés le plus souvent par des conquérants non Chinois.

Les Histoires dynastiques les nomment sans ambiguïté les Cinq Barbares (*Wuhu*). Métissage culturel ? Invasion pure et simple ? En fait, les deux à la fois, une sorte de lente descente vers le sud des éleveurs, qui prenaient peu à peu le sol aux agriculteurs. Mais, à mesure que le temps passait, le schéma devenait plus complexe : les éleveurs nomades d'hier commençaient à se sédentariser, se fondant ainsi peu à peu, et bien qu'y restant très voyants, dans la masse des autres. L'ensemble finit par constituer une société d'un type nouveau, diversement stratifiée, avec des aristocraties cavalières qui imposèrent leur autorité à la masse des producteurs, qu'ils soient éleveurs ou agriculteurs. Le processus atteignit son paroxysme en 420, quand les Jin orientaux s'écroulèrent.

LES DYNASTIES DU NORD ET DU SUD

Commença alors la période dite des dynasties du Nord et du Sud (420-589) : une formulation traditionnelle rendant compte d'une réalité complexe, qui ne se comprend que dans la mesure où l'on garde en tête la diversité géographique des pays chinois. En l'espace de cent soixante ans, dix familles de pouvoir cohabitèrent ou se succédèrent sur le sol de l'Empire évanoui : cinq au sud, toujours implantées à Nankin, sauf une qui régna à Jiangling (Hubei) ; et cinq au nord, installées, selon les temps et la fortune, au Shaanxi, au Shanxi ou au Henan, ce qui revenait à se déplacer d'est en ouest, au long du fleuve Jaune.

L'environnement culturel changea peu à peu : les chariots tirés par des bœufs remplacèrent, en Chine du Nord, les alertes voitures à chevaux si répandues sous les Han, et les chameaux mêlèrent leur haute stature à la masse des bêtes de somme plus ou moins étiques qui assuraient, comme toujours, le transport des marchandises.

Lorsque des conquérants non chinois, les Tabgatch (Tuoba en chinois), fondèrent (386) la dynastie des Wei septentrionaux (à ne pas confondre avec les Wei du IIIe siècle !) toute la Chine du fleuve Jaune vivait dans un état de confusion culturelle total et, pourquoi pas, prometteur. Certes, les forces de dislocation, sources d'un indéniable désespoir, dans certaines couches de la population, étaient nombreuses : l'effondrement, vécu comme définitif, de tout gouvernement fort, le poids des implantations extérieures encore mal stabilisées, le retour, qui était aussi une limitation, à la région – le tout se conjugant pour créer une grande crise morale, plus personne ne trouvant quelque secours que ce soit dans les grandes idéologies traditionnelles. Passage nécessaire, sans doute, à l'indispensable évolution de la société. Car, s'il existait indéniablement des forces de dislocation, il en existait aussi d'autres, propres à faire naître de nouvelles formes de cohésion.

C'est dans ce cadre et dans cet esprit que les administrateurs inventèrent alors un système agraire si original et si satisfaisant, en théorie, pour l'esprit, qu'il essaima à travers l'Extrême-Orient – notamment au Japon – et fit rêver si fort les philosophes qu'ils en attribuèrent, après coup, l'invention aux sages d'une Antiquité aussi mythique que reculée. Ce fut le système de la distribution égalitaire du sol cultivé (*juntianfa*) aux familles paysannes, à charge pour elles de donner en échange une partie de leur production (l'impôt en nature) et des services d'intérêt collectif (la corvée). Pour ce faire, l'espace rural était fictivement partagé en séries de neuf carrés réguliers assemblés en forme de caractère *jing* 井 – le puits. Certaines terres étaient données à perpétuité (par exemple les vergers et tout ce qui demandait une exploitation à long terme) et d'autres à titre précaire : dans celles-ci se plaçaient les terres à céréales, que le paysan devait rendre au bout de quelques années, afin de faire tourner les lots, pour que les mêmes ne soient pas toujours les plus mal lotis. Ce principe de la distribution égalitaire ne fonctionna vraiment, vraisemblablement, qu'en pleine période de restauration impériale, sous les Tang (VIIe-IXe siècles). Mais ce n'est certes pas un hasard si l'idée s'en est formée sous les Six Dynasties : bel exemple de la façon dont peuvent s'articuler et se féconder des civilisations complètement différentes. Utile illustration, aussi, de la dynamique chinoise, capable de reprendre à son compte des transformations insufflées de l'extérieur.

L'autre grande naissance provoquée par ces difficiles, et généralement belliqueuses, rencontres ethniques et culturelles fut celle du bouddhisme chinois. Il sut apporter à tous une réponse aux difficultés de l'heure. À la bonne société chinoise ancienne, qui ne croyait plus, sinon dans un rêve éveillé, à la survie de l'ancien et grandiose Empire, le bouddhisme apportait l'espoir d'une quête philosophique d'un ordre tout différent : l'enjeu était le salut, il mettait en avant la personne, l'individu, et non plus la lignée, ni les ancêtres. Vu dans cette perspective, l'éclat de l'État, la passion du pouvoir s'évanouissaient dans le néant qui enveloppait toutes choses. Les empereurs ne furent pas les derniers à s'en persuader.

LIANG WUDI

Le plus justement célèbre est l'empereur Wu des Liang, qui régna à Nankin de 502 à 549. Sa conversion profonde au bouddhisme remonte vers 515. Elle se traduisit d'emblée par une perception aiguë de l'unité du vivant, ce qui l'amena à modifier le rituel des sacrifices aux ancêtres : l'empereur Wu interdit que l'on immolât des animaux (*a fortiori* des hommes, ce qui se pratiqua encore, à l'occasion, jusque sous les Tang, en Chine du Nord, malgré la réprobation officielle). L'empereur suggéra que l'on substituât aux animaux immolés des figurines en pâte. Les esprits caustiques firent remarquer qu'il mettait les ancêtres au régime végétarien. Mais cela ne troubla pas l'empereur, qui poursuivit sa réflexion sur ce thème et finit même par interdire aux tisserands de créer des brocarts aux motifs animés d'hommes, d'animaux ou même d'immortels, car les images risquaient d'être coupées lorsqu'on taillait l'étoffe pour confectionner des vêtements.

Les années passèrent et la foi impériale ne faiblit pas. En 527, le souverain se retira dans un monastère dont ses ministres eurent le plus grand mal à le tirer quelques mois plus tard. Mais il récidiva dès 529, et cette fois-ci en grande pompe, pour bien affirmer sa volonté aux yeux de tous. C'est devant toute la cour, réunie pour l'occasion, qu'il quitta en cérémonie ses habits impériaux, revêtit la bure monastique et se fit raser le crâne, tandis que l'impératrice faisait de même au milieu des dames du palais. La double narration en est peinte sur les murs d'une grotte, au très beau site bouddhique de Dunhuang, en Asie centrale. L'empereur, pendant des semaines, vécut dans une cellule, comme un moine ordinaire, prenant ses repas dans une écuelle de bois. Et les ministres eurent, une nouvelle fois, beaucoup de peine à l'en faire sortir, au nom du bien public et des devoirs d'un prince envers son peuple.

Rentré dans le monde contre son gré, l'empereur Wu n'en vécut pas moins pieusement. En 547, il fit bâtir une grande pagode-reliquaire pour abriter des fragments d'ongles et des cheveux « du Bouddha » qu'il s'était procurés. Ce fut l'occasion de réjouissances publiques inoubliables et d'une large amnistie accordée aux condamnés qui croupissaient dans les prisons.

Dix ans plus tard, enfin, en 547, l'empereur fit retraite

pour la troisième fois. Il ne supportait plus ni le monde, ni ses cruautés, ni cette idée terrible de la vie qui se nourrit de la vie. Il mangeait de moins en moins, pratiquant un régime végétarien strict. Il en vint même, dit-on, à se détourner de l'enseignement de Confucius qui n'avait jamais dénoncé le scandale des sacrifices d'animaux. Fut-ce le vieillissement ? ou une forme d'anorexie mentale ? Il finit par mourir de faiblesse. Les confucéens ricanèrent, assurant qu'il était devenu fou et s'était laissé mourir de faim.

8

LA DYNASTIE DES TANG

LA NAISSANCE DU PURGATOIRE

Il y a plusieurs façons de raconter l'histoire, et qui dira jamais laquelle est la bonne ? Impossible d'endiguer et de restituer tous les flux de la vie ! Prenez un siècle comme le VIIe ; les Histoires dynastiques vibrent des drames de sérail et de l'épopée qui aboutit au triomphe d'une certaine famille Li, fondatrice de la dynastie des Tang. Les historiens du bouddhisme, eux, vous diront qu'en ce siècle-là les Chinois inventèrent le purgatoire ; ce fait eut à long terme beaucoup plus de répercussion, en Extrême-Orient et même jusqu'au lointain Occident, que les conquêtes du terrible et talentueux Li Shimin (599-649), dont la vie agitée alimente depuis plus de treize cents ans, en Chine, la veine créatrice des historiens et des poètes.

Les empires s'effondrent, mais l'espoir des hommes subsiste, tenace : il y a une vie après la vie, les bons seront récompensés, les méchants punis, et tous subiront à des degrés divers une forme de transfiguration. Les maîtres taoïstes chinois l'enseignaient depuis longtemps : avant de rejoindre le Grand Tout, pour s'y fondre dans des associations nouvelles, les âmes les plus turbulentes gagnent une sorte de prison pour esprits où, peu à peu, elles s'apaisent. Les bouddhistes de leur côté, nourris de traditions indiennes, vénéraient Yama et les dix rois-gardiens ; on disait de ces derniers qu'ils veillaient aux portes de l'espace intermédiaire où les âmes des défunts étaient parquées, en attendant leur réincarnation. Les fidèles pouvaient aisément comprendre la fonction de ces génies, tutélaires et terrifiants, traquant au fond de chaque être tous les ennemis, tous les enfers qui sont en lui. Et les sculpteurs d'images religieuses les traduisaient en matériaux multiples que métamorphosait une sensibilité baroque.

Ces gardiens-là, qui châtiaient bien parce qu'ils aimaient bien les hommes – et qui exerçaient leur surveillance d'abord contre les démons intérieurs –, devinrent les intermédiaires indispensables entre la vie d'ici-bas et l'autre, perçue dans le cadre de la métempsychose. Ainsi naquit cette idée d'espace protégé, entre les tourments de l'enfer où les âmes les plus « sales » étaient remises à neuf (l'enfer bouddhique n'est jamais éternel) et les jardins de paradis où les âmes pures attendaient la dernière des réincarnations : celle qui leur permettrait d'atteindre le nirvana – l'extinction – dès leur prochaine mort. Entre les deux, il fallait vraiment qu'existât un purgatoire.

Au VIIe siècle, les discussions sur de tels sujets firent rage dans les milieux les plus divers. Souvent féroces et non dénuées de passions bien humaines, elles secouèrent, par moines interposés, les civilisations sœurs et concurrentes de Chine du Nord et de Chine du Sud. Placées à leur meilleur niveau, ces controverses tournent pour l'essentiel autour de l'idée de salut : qui peut-être sauvé ? comment ? tous les êtres y sont-ils appelés ou pas ? y a-t-il prédestination et en quel sens joue-t-elle ?

Certains classaient tous les « existants » – puisque la métempsychose inclut aussi les animaux – en cinq catégories, dont l'une manquait totalement des « graines de la bouddhéité », c'est-à-dire ne pouvait parvenir à la suprême illumination, sauf à renaître en s'incarnant dans une espèce plus évoluée, ce qui impliquait une mutation incompatible avec l'idée même de posséder ou pas les « graines de la bouddhéité ».

Les autres, au contraire, clamaient que tout être vivant peut, en changeant de corps, s'élever peu à peu vers l'illumination. En d'autres termes, toute vie porte en elle les germes d'un bouddha ; il n'y a pas de fracture dans la création, pas de fossé infranchissable entre animal et homme, ni entre homme et bouddha ; la vie est une. Ainsi parlait Fabao au VIIe siècle.

Il s'opposait au chef de file de la première école. Ce dernier, Xuanzang (602-664), était un moine très savant dont la vie à la fois érudite et pérégrine nous ramène aux événements politiques. Comme il est fréquent en ces périodes d'oscillation entre fragmentation territoriale et retour à la grande unité dont rêvent, tout autant que les mystiques, les théoriciens de la vie politique, ceux-ci commencent et s'enchaînent tel un roman d'aventure passablement rocambolesque.

COMMENT ÉVACUER RAPIDEMENT UN EMPEREUR ATTEINT DE MÉGALOMANIE

L'empereur Yang (reg. 605-617), second – et dernier, mais il ne le savait pas encore – de la dynastie réunificatrice dite des Sui (581-618), avait confié la sécurité des frontières de l'Empire à un certain Li Yuan. Celui-ci était, comme beaucoup de militaires compétents, un métis, chinois et tujue, donc proto-turk. Ainsi que nombre de ses congénères, il avait une excellente opinion de lui-même, sachant en quelle position privilégiée le plaçaient à la fois sa fonction et son sang : proche des nomades de la périphérie, il l'était tout autant des paysans chinois. De plus, il n'était pas dépourvu d'amis, également, chez les lettrés. Beaucoup de ces derniers considéraient en effet – avec de bonnes raisons – l'empereur Yang comme un tyran sanguinaire ; Li Yuan leur semblait en revanche un homme compétent et nécessaire, le bras armé garantissant la sécurité de la Grande Plaine.

L'empereur, quant à lui, fragilisé par des projets démesurés et une politique de guerre à tout-va, se trouvait isolé, détesté de tous, et même de ses soldats. Li Yuan connaissait mieux que personne le malaise minant, depuis plusieurs années, le moral d'une armée mal organisée, peu considérée, sous-payée et traitée en esclave par un empereur despote. Il n'y avait pas grand-chose à espérer d'une politique d'expansion menée, dans ces conditions, à l'arraché. Une cruelle expérience coréenne venait de le montrer. Les Coréens, furieux des velléités d'expansion chinoises, menaient la guerre totale contre les tentatives de leur grand voisin, comme on sait le faire dans les pays de marche ; en trois campagnes (612, 613, 614), ils avaient jeté les troupes impériales, mal préparées et peu entraînées, hors de leur territoire, envahi en 598. Les armées de la grande Chine avaient dû se replier piteusement. Mais devait-on encore s'en étonner ?

Comme on pouvait s'y attendre, il y avait beau temps que le Ciel grondait : en 611, le fleuve Jaune, débordant de toutes parts, avait saccagé son cours inférieur qui est aussi l'un des greniers du Nord. Pour comble de malheur, ce désordre des eaux rendait impraticable le tronçon septentrional du nouveau Grand Canal, par lequel devait arriver le riz du Sud. La population, donc, avait faim et les fonctionnaires, rémunérés théoriquement en nature sous forme de boisseaux de céréales, n'étaient plus payés.

Il n'en fallait pas davantage pour que la révolution se produisît, et Li Yuan le savait. En 357 jours, de 617 à 618, il parvint, sans difficultés excessives, à déposer l'empereur Yang, qui laissa le trône à son petit-fils. Mais Li Yuan finit par le renvoyer aussi et prit sa place, fondant une nouvelle dynastie, celle des Tang (618).

COMMENT ON ÉCRIT L'HISTOIRE

C'est ici que les historiens situent l'une des plus graves manipulations de l'historiographie officielle chinoise, dont nul ne songe pourtant à contester par ailleurs les indéniables qualités. Et pourtant, dans ce cas précis, l'existence de deux Histoires officielles des Tang (une « ancienne » et une « nouvelle ») en matérialise la choquante – bien qu'elle ne soit pas unique – réalité.

La *Vieille Histoire des Tang* rapporte que Li Yuan, sitôt son coup de main assuré, sombra dans l'alcoolisme et la débauche. Au fil du temps, des critiques s'élevèrent néanmoins, soulignant combien cette version-là, nettement injurieuse pour Li Yuan, se montrait en revanche particulièrement favorable à son fils Li Shimin, devenu entretemps héros national. Et les mauvais esprits suggéraient aussi la suite : quelles qu'aient pu être plus tard ses vertus impériales, Li Shimin avait bel et bien commencé sa carrière par un double fratricide complétant un quasi-parricide.

Li Shimin, en effet, deuxième fils de Li Yuan, prit le pouvoir en 626, imposant à son père une retraite forcée et définitive (Li Yuan mourut neuf ans plus tard, en 635), officiellement pour cause d'alcoolisme aggravé. Mais, pour parvenir à ses fins, il dut éliminer dans le même mouvement son frère aîné et son frère cadet, tués au bon moment, après être tombés dans un guet-apens mystérieux, et donc empêchés de prétendre davantage à la succession.

Enfin, pour mettre un terme à l'affaire et résoudre au mieux les difficultés familiales créées par la mort de ses frères, Li Shimin prit pour femme la veuve de son cadet : de toute l'aventure, c'est peut-être ce que les purs lettrés chinois acceptèrent le plus difficilement. La conception chinoise de la parenté, en effet, compte par génération ; elle inclut toutes les personnes de même niveau dans les mêmes interdits et repose sur un sens strict de l'exogamie : prendre la femme de son frère reste un délit d'inceste, même si la mort fait disparaître la présomption d'adultère.

Ces histoires si lointaines, portant en elles les ingrédients habituels des tragédies les plus communes, conservent encore aujourd'hui une importante valeur symbolique : c'est sous cet aspect-là que la grande presse y fait encore parfois allusion. Elles rappellent que la Chine fut aussi, et parfois à ses heures triomphales, un pays métissé. Elles soulignent également, comme le fait la théorie même du mandat céleste, en quelle large mesure le pouvoir appartient à qui sait le garder, même hors des chemins de la morale reconnue, et malgré l'indignation des justes. Mais ceux-ci peuvent-ils vraiment quelque chose contre la loi du plus fort ? et contre les lois, rassurantes et implacables, d'une expansion extérieure réussie ? Ainsi commença le règne personnel de Li Shimin, tout entier consacré à la réorganisation de l'Empire.

Lorsqu'il mourut, en 649, il reçut le titre posthume de Taizong. Son mausolée, dressé près de Chang'an, est le plus impressionnant de sa dynastie. Il le fallait bien, pour rappeler son rôle et accréditer la généalogie qu'il s'était inventée : s'il ne pouvait renier son père, il rattachait ses ancêtres au légendaire Laozi, le sage qui, selon la légende, avait civilisé l'Ouest. Et l'archéologie, n'osant encore aborder la fouille des mausolées impériaux, révèle aujourd'hui la famille qui l'entourait pour l'éternité : par exemple sa nièce, la jeune Duan Jianbi, décédée deux ans plus tard, en 651 ; on lui construisit un élégant tombeau non loin de l'impérial tumulus, comme en accompagnement, selon la coutume antique.

Son œuvre, par-delà les accommodements qu'il prit avec la morale élémentaire, lui vaut indéniablement quelque respect. Il fut le fondateur d'une administration dont les rouages, dans leur principe, allaient rester en place jusqu'à la première moitié du XXe siècle, avec ses dix provinces (*dao*, qui deviendront quinze au VIIIe siècle ; une unité largement géographique, définie par les chaînes de montagnes et le cours des rivières), son département des Affaires d'État (regroupant six « ministères » : Gestion du personnel de l'Empire, Finances, Rites, Armée, Justice, Travaux publics), sa Chancellerie, son Grand Secrétariat et son Conseil d'État. Il s'y ajoutait le Censorat (pour surveiller la bonne marche de l'administration), la Haute Cour de justice et le bureau des Examens. Ce dernier, encore embryonnaire sous Taizong, témoigne néanmoins que la révolution du savoir, perçu comme une clé utile pour accéder aux postes de gestion de l'État, est déjà en cours.

Le VIIe siècle vit en effet la lente mise en place d'un système d'examens écrits permettant le contrôle des connaissances – non seulement techniques, mais aussi littéraires, le savoir littéraire jouissant d'un infini prestige. Entre 620 et 630, on ouvrit plusieurs collèges médicaux tant à Chang'an que dans les provinces. Le grade de *jinshi*, créé sous Zhongzong (reg. 684-693), le petit-fils de Li Shimin, restera le noyau de l'organisation ultérieure des examens triennaux tels qu'ils avaient lieu encore dans la Chine du XIXe siècle.

Un État aussi rigoureusement structuré ne pouvait fonctionner sans une référence juridique solide. Tel fut l'objet du code des Tang, le *Tanglü shuyi*, promulgué en 624, révisé en 627 et 637, puis commenté et mis au point en 653, sous le règne du fils de Taizong. Le droit dont il est porteur diffusa en Corée, au Japon, au Viêt-nam, et resta en usage, avec quelques aménagements apportés du XVe au XVIIIe siècle, jusqu'au début du XXe.

De plus, cette même année 624, le gouvernement commença d'appliquer les lois agraires de Chine du Nord, réactualisant la distribution équitable des terres à titre précaire, en fonction du nombre de bouches à nourrir et des bras actifs dans chaque foyer.

Sous Taizong, enfin et surtout, l'horizon du monde s'élargit et les voyageurs chinois se lancèrent à sa découverte, comme à l'époque des Han mais, cette fois-ci, aiguillonnés par le bouddhisme : il fallait aller en Inde chercher les textes fondamentaux, ainsi que Faxian l'avait déjà initié au IVe siècle.

CONTOURNER L'HIMALAYA

En 630, la première ambassade japonaise officielle vint à la cour apporter les respects de l'empereur Jomei, et les Japonais firent si bonne impression que les Chinois leur accordèrent le statut, unique en son genre, de vassaux privilégiés. C'est de cet exemple chinois que les Japonais tireront leurs grandes réformes de l'ère Taika (645).

Vers 631, des mazdéens et des chrétiens nestoriens prêchaient à Chang'an où arriva aussi, en 643, une ambassade venue de Byzance.

L'empereur, quant à lui, n'oubliait pas ses projets de conquête tous azimuts. En 630, il repoussait les Turks orientaux et, en 631, créait seize préfectures chinoises dans l'ancien territoire d'autres « barbares », les Tuyuhun. Toutes les tribus de la steppe semblaient devoir peu à peu se rallier et se sédentariser. En 638, une ambassade perse sassanide arrivait à Chang'an : le mouvement ne fera que s'accélérer quand, à partir de 642, les incursions arabes bousculeront les Sassanides et que ceux-ci viendront chercher secours auprès des Chinois. Une aubaine pour l'empereur qui regardait tant vers l'ouest et y cherchait des raisons d'intervenir !

En 640, Gaochang (Turfan) passait sous contrôle chinois. En 641, une princesse chinoise était donnée en mariage au roi du Tibet.

À partir de 643, le général Wang Xuance avançait même en Inde du Nord et, cinq ans plus tard, rétablissait sur son trône, avec l'aide de troupes tibétaines et népalaises, le roi du Magadha. Ainsi la Chine organisait-elle la vie des royaumes sur sa périphérie.

Et en 644 commençait, par terre et par mer, une nouvelle offensive contre la Corée, en l'occurrence contre le royaume de Koguryo à l'ouest de la péninsule. En 647-648, Taizong persévérait : il fit construire de grands navires dans les chantiers du bas Yangzi, en vue de lancer, toujours contre la vigoureuse Corée, une puissante offensive maritime. Et, pendant ce temps, de grandes campagnes militaires victorieuses (639-640, 647-648) le conduisaient vers l'ouest jusqu'au Tarim, puis au sud vers le Viêt-nam, au nord vers la Mongolie et au nord-est vers la Mandchourie. À demi homme de la steppe lui-même, il ne pouvait vivre, sagement et sédentairement, à l'intérieur des seules frontières traditionnelles de l'Empire. Quand la mort l'emporta, son fils reprit le flambeau.

Il est impossible, en effet, de dissocier l'œuvre de Taizong de celle de son successeur, Gaozong (reg. 649-683), qui en est l'aboutissement.

Les années 670-680 représentent l'apogée des Tang, et

même bien plus celui de la Chine, qui atteignit et assura à ce moment son état de plus grande expansion dans l'espace. Elle englobait le lac Baïkal, le lac Balkhach, la mer d'Aral et, à l'est, une partie de la Corée (mais pas le royaume de Silla, ni sur son flanc ouest le Tibet, qui lui menait la vie dure, ni le royaume de Nanzhao, au sud-ouest). Mais elle étendait son protectorat sur la Sogdiane et le Turkestan (actuel Afghanistan), l'empire Tang proprement dit s'arrêtant à Turfan (Karakhoja, Xizhou). Bien sûr, il ne s'agissait là que de la projection d'une sorte de long doigt mais, du bout de ce doigt, l'empereur pouvait toucher les royaumes et les civilisations du Moyen-Orient et, presque, de l'Inde.

Gaozong reprit donc le principe de cette lente avancée vers les mers d'Occident : le golfe Persique et la mer d'Oman. Il finit presque par gagner, en contournant par l'ouest le Tibet, les marches de l'Inde, constituant un prodigieux mais fragile glacis. Relié à la Chine seulement par le corridor de Lanzhou à Anxi (Kucha), bordé au nord par des déserts et au sud par des montagnes qui empêchent tout grand déploiement de forces en ordre de bataille, c'était un équilibre instable, que le moindre petit peuple en rupture de ban pouvait rompre. C'est ce qui devait se produire en 751, quand les Chinois, confrontés à des partis arabes sur la rivière Talas, perdront l'espoir, et peut-être le désir, d'avancer davantage vers l'Occident ; et à la fin du siècle, quand les Tibétains, battant les Ouïgours, alliés des Chinois, à Beshbaliq (Beiting), couperont tout lien entre la Chine et le Turkestan (791). Mais l'ombre des Tang projetée sur l'Asie médiane aura duré presque cent ans et, peut-être, contribué à un relatif équilibre de l'Asie en freinant l'expansion arabe vers l'est.

Ainsi, les historiens rendront grâce à Gaozong d'avoir réussi le contournement de l'Himalaya, ce que les Han avaient simplement esquissé et que personne (sauf les Mongols, mais avec une tout autre forme de domination de l'espace) ne réalisera après lui.

ET POURQUOI PAS LE MATRIARCAT ?

Remise en ordre, conception nouvelle, vision d'un monde global, féroce appétit du pouvoir : c'est peut-être cela qui intrigue le plus aujourd'hui au cœur de ces affaires d'un Moyen Âge lointain dans le temps comme dans l'espace. Une certaine forme d'administration moderne se mit en place indéniablement au VIIe siècle, soit. Mais il s'en fallut de peu – du moins les lettrés le redoutèrent – qu'un phénomène beaucoup plus grave ne se produisît. Non seulement la victoire finale du fils de Li Yuan donna l'Empire à un métis qui « internationalisa » la Chine mais, deux générations plus tard, l'Empire faillit bien enfanter la première dynastie matriarcale digne de ce nom.

Dame Wu conforme au Ciel

Un jour naquit (624) près de Taiyuan, au Shanxi, une fille d'une beauté extraordinaire. Lorsqu'elle atteignit quatorze ans, son éclat devint tel, dit-on, que la rumeur en parvint jusqu'à la cour. Li Shimin, alléché, la fit venir, et elle reçut d'emblée l'honneur insigne d'entrer au harem en qualité de concubine de quatrième catégorie, ce qui la classait parmi les quarante premières épouses, sur les cent vingt et une que le harem comptait officiellement, en plus de l'impératrice en titre – théoriquement mère de l'enfant choisi pour hériter du trône ; mais en l'occurrence la dame était stérile et ce détail ne manquait pas d'intérêt. La belle, dont le nom de famille était Wu, mena donc une vie aimable pendant une dizaine d'années, jusqu'au jour où Li Shimin mourut.

Quand un empereur trépassait, la règle chinoise, fort pointilleuse en matière d'inceste, voulait que toutes les dames de son harem vécussent en recluses ou même qu'elles quittassent la cour pour gagner un couvent bouddhique, non loin du mausolée où reposait le grand homme : retirées du circuit de la procréation, la tête rasée, elles y priaient pour son salut ou la réincarnation heureuse de son âme. Mais, heureusement pour la petite Wu, sa beauté en avait attiré plus d'un ; elle avait même naguère produit une impression inoubliable sur le propre fils du défunt, l'actuel et nouvel empereur Gaozong : elle avait eu l'occasion de le servir, en tout bien tout honneur comme il se doit, lorsqu'il rendait visite à son père. À dire vrai, il n'est pas tout à fait sûr que Gaozong ait encore pensé à la belle dans cet instant précis, mais d'autres – et non des moindres – en rêvaient pour lui.

L'impératrice en titre – car c'était elle – désespérait elle aussi de porter enfant ; redoutant les effets désastreux de cet état sur sa carrière à la cour (Gaozong se montrait fort empressé auprès de sa seconde épouse), elle tenta de faire diversion en sortant la belle Wu de son couvent et en la réintégrant au harem de l'empereur vivant (toujours ces mœurs « barbares » de la famille Li, impensables en milieu de pure tradition chinoise !).

Le stratagème réussit au-delà de toute espérance : les actions de la seconde épouse baissèrent immédiatement et Gaozong ne regarda plus que Wu. Celle-ci, de son côté, ne perdit pas son temps. Elle plaça ses parents partout où elle le pouvait, ce qui n'avait rien de scandaleux : la morale confucéenne recommandait (particulièrement aux filles bien mariées) d'aider leur famille. En même temps, à force de cadeaux et de recommandations, elle se ménageait des amitiés utiles. Elle aussi n'avait qu'un but : obtenir un fils pour prendre la place de l'impératrice.

Un jour, elle s'aperçut qu'elle était enceinte et l'avenir sembla lui sourire ; pourtant le vent tourna, sa bonne étoile se voila et Wu mit au monde une fille. Un peu par fureur, sans doute, et beaucoup par calcul, Wu étouffa l'enfant de ses propres mains, mais fit en sorte que le meurtre fût imputé à l'impératrice.

Gaozong ne s'émut pas pour si peu. Alors Wu, qui ne pouvait s'arrêter en si bon chemin et sentait venir le froid d'une possible disgrâce, frappa plus fort : elle réussit à impliquer l'impératrice, mais aussi la seconde épouse, que l'empereur, jadis, aimait tant, dans une affaire de magie noire pratiquée contre la personne même du souverain.

Les dignitaires de la cour, scandalisés, dénoncèrent avec courage les intrigues calomnieuses de la belle Wu, mais Gaozong ne voulut rien entendre : il avait bien trop peur ! Les deux innocentes furent livrées à leur accusatrice qui, sous prétexte de justice, les fit périr dans des conditions atroces, avant de se voir à son tour, et à la place de celle qui l'avait sortie du couvent, intronisée impératrice en titre. Elle reçut en grande pompe les attributs de son nouveau pouvoir (le sceau et le cordon), tandis que Gaozong faisait son éloge en proclamant qu'elle se montrait « apte à le seconder efficacement dans l'administration des affaires ». Fait sans précédent : si certains souverains, comme Gaozu des Han (règne 206-195 avant notre ère), avaient manifesté du respect à leurs épouses, aucun ne les avait jamais associées, d'une manière aussi étroite et sur un plan presque institutionnel, à leur ministère.

Wu prit son rôle avec le plus grand sérieux. Quand, en 666, l'empereur se prépara au rituel annuel des sacrifices traditionnels *feng* et *shan*, Wu admit qu'il lui appartenait certes de sacrifier au Ciel (que la théorie du *yin* et du *yang* lie à l'homme), mais elle exigea de pratiquer elle-même, et avec faste, les rites en l'honneur de la Terre, souvent trop vite expédiés. Les spécialistes du rituel grincèrent des dents, mais ne trouvèrent rien à lui opposer : la terre, disait-on depuis l'Antiquité, était de nature *yin*, donc féminine. Il n'en demeurait pas moins que personne n'avait jamais osé ainsi fragmenter les prérogatives cultuelles impériales.

Le temps passa. Wu ne désarmait pas. Huit ans plus tard, en 674, elle fit créer pour elle un titre nouveau, celui d'« impératrice du Ciel » (*Tianhou*). Elle profita de la proclamation de cette terminologie inusitée pour diffuser aussi un manifeste en douze points, sorte de programme politique fortement imprégné de doctrine taoïste, pour contrebalancer le poids dominant des gestionnaires confucéens qui, assurément, ne se montreraient jamais favorables à l'intervention politique d'une femme et d'ailleurs lui menaient, avec de bonnes raisons, une guerre sourde.

Ils ne manquèrent pas de critiquer véhémentement le programme de Wu hou. Celui-ci comportait pourtant des données pleines d'humanité : des remises d'impôts (article 1), l'allégement des corvées, l'abolition du service militaire obligatoire (article 2), si décrié, qu'elle souhaitait remplacer par une instruction morale (article 3), la seule qui, à son sens, pouvait influer durablement sur les destinées de l'Empire – c'était le vieux rêve confucéen d'un État prospère grâce à la vertu (au civisme) de ses sujets. Puis, au nom de la morale, toujours, elle interdisait tout luxe excessif (article 4) ; les fonctionnaires de la cour, bien placés pour voir comment Wu vivait quotidiennement, en firent des gorges chaudes. L'article 5 reprenait le thème des économies, mais cette fois-ci appliqué à la corvée : il convenait de restreindre l'utilisation abusive de la main-d'œuvre pour les constructions somptuaires – il y eut, sans doute aussi, des rires dans l'assistance. L'article 6 ouvrait « largement les voies à une libre critique » : une liberté que déniait aussitôt l'aricle 7 qui prévoyait, lui, de « fermer la bouche aux calomniateurs ». L'article 8 proclamait la nécessité d'engager le peuple entier à l'étude du taoïsme (on sent l'influence du groupe de pression) et l'article 9 le respect des mères, pour lesquelles dame Wu exigeait un deuil aussi long et ostentatoire que pour le père (c'est-à-dire un deuil de trois ans, passé à l'écart des honneurs, à porter « des robes blanches, retournées et effilochées ». Enfin, les trois dernières dispositions prévoyaient de l'augmentation et des subventions pour tout le monde (afin de mieux faire passer la pilule) : pour les sujets ayant rendu de grands services à l'État, pour les mandarins de la capitale et, d'une façon générale, « pour les fonctionnaires en charge dont la valeur éminente serait depuis longtemps reconnue, mais dont la position demeurerait modeste ». Gaozong assura, par un édit, la mise en application de toutes ces mesures.

Lorsqu'il mourut (en 683), le fils de Wu hou lui succéda, sous le nom de Zhongzong. Mais un an ne s'était pas passé que Wu hou le faisait destituer en faveur de son autre fils, Ruizong. Et comme celui-ci avait le cerveau faible, ou un peu dérangé (du moins sa mère s'arrangea selon sa manière habituelle, c'est-à-dire avec férocité, pour qu'on le crût), elle déclara qu'elle exercerait la régence. Quelques mois plus tard (en 684), elle proclama ainsi prendre elle-même en main la charge impériale : pour la première et dernière fois de son histoire, l'Empire se trouvait gouverné par une femme exigeant pour sa personne exactement les mêmes honneurs et les mêmes rituels que pour un empereur, osant même siéger, comme lui, « derrière un rideau baissé de pourpre sombre ».

La cour grondait comme jamais. Un courageux lettré, le fameux poète Luo Binwang, lança un manifeste demeuré célèbre en faveur des enfants destitués, mais les révoltés n'y gagnèrent qu'une mort ignominieuse (on ne sait si Luo Binwang fut assassiné ou s'il put s'échapper en se faisant moine), tandis que Wu hou s'attachait à dérouler, sans relâche, les interminables et inextricables fils de ce qu'elle estimait être une conspiration contre elle-même et contre la grandeur de son œuvre. Elle inventa, pour ce faire, des formes subtiles d'espionnage, comme cette boîte restée fameuse, installée dans une salle du palais. Sous couvert de l'anonymat, chacun pouvait y déposer des prophéties, des lettres de doléances, des rapports critiques ou élogieux et, surtout, de pures dénonciations. Comme celles-ci, sans doute, ne parvenaient pas en assez grand nombre, Wu hou activa les fonctionnaires des provinces, exigeant d'eux, sous peine de mort, qu'ils envoient à la capitale, tous frais payés, les informateurs utiles. Les fonctionnaires traditionnels disaient que l'effet le plus évident de cette mesure était de faire converger vers Chang'an, aux frais de l'État, toute la pègre de l'Empire.

Mais Wu hou, maintenant, avait peur à son tour ; et surtout elle ne supportait plus ces résistances. En 688, elle profita d'une révolte de certains princes Tang pour s'acharner sur le clan Li, qu'elle voulut exterminer : on dit que trois mille familles disparurent alors. Quelques belles tombes, installées plus tard, après la mort de Wu hou – car bien peu, de son vivant, osèrent aller contre sa volonté –, accréditent la réalité de ces meurtres. Ils furent perpétrés parfois, et sur son ordre direct, contre ses propres petits-enfants : comme cette pauvre princesse Yongtai, mise à mort à dix-sept ans (ainsi que son jeune mari) pour avoir manqué de respect à sa grand-mère.

En 690, Wu hou prit le nom dynastique de Zhou. Puis elle estima que Chang'an était devenue irrespirable et que rien ne l'empêchait d'aller, comme eux, régner maintenant à Luoyang, dans le bassin moyen du fleuve Jaune, après avoir affermi son pouvoir, à l'ouest, à Chang'an. De plus, sa confiance s'était déplacée et, se détournant des conseillers taoïstes, elle écoutait dès lors les groupes de pensée bouddhistes (les mauvaises langues disaient qu'elle avait tout simplement changé d'amant). Il lui parut donc indispensable de transférer le siège de son gouvernement dans la deuxième capitale impériale, Luoyang, sise en plein cœur du Henan.

L'une des raisons importantes de ce déménagement fut certainement que la ville était protégée par le sanctuaire rupestre de Longmen : deux falaises dressées sur les berges de la rivière Yi, où les Wei septentrionaux avaient commencé à creuser au début du VIe siècle des images du Bouddha Vairocana, le Grand Illuminateur éclairant la myriade des mondes possibles. Toujours les références aux dynasties périphériques, à ces hommes des steppes sinisés qui, tels les Wei septentrionaux, avaient régné sur l'Empire, pratiquement depuis la fin des Han, et dont l'intégration avait été largement favorisée par le bouddhisme.

La cour et tout son service, dans le sens large du terme (y compris les artisans et fournisseurs divers), durent donc se transporter cinq cents kilomètres plus à l'est. Les bâtisseurs se mirent à l'œuvre. Les archéologues ont découvert il y a quelques années les soubassements du *mingtang* (le bâtiment le plus sacré du palais, où le souverain – en l'occurrence la souveraine – se retirait périodiquement selon un rituel remontant aux origines de l'Empire) : Wu l'inaugura en 696, en remplacement de l'ancien qui avait brûlé l'année précédente.

À mesure que le temps passait, pourtant, un vent de folie soufflait de plus en plus sur la cour, mêlé d'un indéniable respect, mais plus encore, et plus sûrement, de terreur. Les chroniqueurs disent que tout à coup elle se crut immortelle, déjà élevée au rang d'un saint personnage, un *bodhisattva*.

Lorsqu'elle mourut tout de même, un jour d'hiver (705), son fils Zhongzong s'empressa de reprendre le trône, abolissant d'un coup la dynastie qu'elle avait fondée et mettant un terme à la dérive matriarcale. Mais il n'osa, pas plus que son entourage, manquer de respect à la défunte. Tout au plus accepta-t-il de simplifier quelque peu l'interminable titre posthume qu'elle s'était inventé : « Impératrice régnante, grande et sainte, et conforme au Ciel ». Les spécialistes du rituel suggérèrent que « Impératrice grande et sainte, conforme au Ciel » suffirait puisque aussi bien elle ne régnait plus. Mais sa dépouille fut reconduite avec toute la pompe nécessaire jusqu'à Chang'an où l'attendait son tombeau, non loin de celui de Taizong qui l'avait tant aimée. Et son fantôme paraissait si redoutable, sans doute, que personne n'osa remarquer que sa dernière demeure était installée au cœur d'une colline aussi haute que le tumulus de son premier et impérial amant.

Wu hou, que l'on nomme aussi couramment de son nom posthume Wu Zetian, « Wu conforme au Ciel », ne fut ni la première, ni la dernière, en Chine ou ailleurs, à mener des révolutions de palais. Les historiens, cependant, lui pardonnèrent encore moins qu'aux autres, parce qu'elle était une femme et, surtout, parce qu'elle avait failli réussir : pendant vingt ans, une femme et, beaucoup plus encore, une dynastie féminine avait, à travers sa personne, régné sur la Chine. Et Wu exprimait clairement vouloir réinstaurer le matriarcat primitif, dont les philosophes confucéens, qui aiment les systèmes bien construits, disaient qu'il avait existé autrefois et qu'il ne réapparaîtrait jamais, car le tour des hommes était maintenant venu. Pire : si des voix s'étaient élevées héroïquement pour braver l'autorité et l'indéniable cruauté de la souveraine, aucune union sacrée ne s'était faite autour d'elles, n'était, à l'extrême fin de la vie de Wu hou, un parti de jeunes qui avait osé assassiner sous ses yeux son nouvel (et sans doute dernier) amant. Mais elle n'était plus alors qu'une vieille femme dont le souffle vital, déjà, se retirait. Au temps de sa splendeur de l'âge mûr, elle avait régné sans que quiconque osât lui porter ombrage et sans que les intègres fonctionnaires, extérieurs à sa coterie, pussent agir. Leur opposition de principe ? Elle s'en était toujours moquée, portée par son obsession du pouvoir – le seul amour de son existence – et soutenue par le peuple (qui ne comprit sans doute jamais rien à ces affaires et resta tranquille), ainsi que par une indéniable prospérité économique, marque, selon la tradition confucéenne, d'un bon gouvernement « conforme au Ciel » (*zetian*).

À court terme (le temps de sa vie, tout de même), Wu hou avait donc gagné. Mais à long terme, elle perdit la bataille, pour avoir oublié que ces hommes-là, qu'elle avait tant fait trembler, écrivaient l'histoire. Dépréciant ses mérites, portant en pleine lumière ses folies et ses crimes (hélas abominables, et bien réels), ils emprisonnèrent sa mémoire sous l'habit d'une femme de perdition, avec une telle force de conviction que son évocation fait peur encore aujourd'hui : quand les journalistes du XXe siècle voulurent exprimer toute l'horreur que leur inspirait Jiang Qing (« Mme Mao »), ils dirent qu'elle était une nouvelle Wu hou.

C'est que Wu hou avait compromis définitivement les (très faibles) chances qu'avait, en Chine, une femme de parvenir au pouvoir suprême. Mais les dés n'étaient-ils pas pipés d'avance ? N'étaient ses liens, et ceux des souverains Tang, avec les sociétés semi-nomades de la périphérie chinoise, elle n'aurait jamais pu jouir du statut extraordinaire qui fut indéniablement le sien. Malgré ses talents, et indépendamment de sa cruauté, il était impensable qu'elle pût réussir à long terme. Faire respecter son gouvernement jusqu'à la fin de sa vie tenait déjà du miracle.

C'est peu de dire que l'« affaire Wu Zetian » compromit pour longtemps la place des femmes dans la société chinoise tournant autour de l'administration de l'État. Il semble bien que les lettrés aient sauté sur cette trop belle occasion pour démontrer, en l'étayant de quelques exemples plus anciens et presque aussi abominables – par référence aux meurtres perpétrés –, que les femmes étaient inaptes au pouvoir. Et de développer aussi, pour faire bonne mesure, le thème parallèle de la femme fatale sans le vouloir ni le savoir : maléfique par nature, simplement parce qu'elle est femme.

LA BELLE CONCUBINE ET LE GÉNÉRAL ÉTRANGER

Xuanzong (règne 712-756) est légitimement le plus célèbre, et sans doute le plus aimé, des empereurs Tang : c'est lui qui restaura la masculinité de la dynastie et dont le règne coïncida avec un certain moment d'euphorie, du moins pour qui vivait à la capitale et en avait les moyens. Les bonnes choses, pourtant, ne durent et ne doivent durer qu'un temps ; la nature accorda à Xuanzong, assurément, une vie trop longue. Si longue qu'il finit par se laisser distraire de ce qui aurait dû demeurer sa seule occupation : la surveillance de la bonne marche de l'État. Mais, empereur mûrissant et universellement respecté, il devint – aux yeux des moralistes – la proie facile d'une très jeune et très belle « concubine précieuse ». Tel était le rang que la dame en question – dame Yang – occupait au harem. Par nature charmante et naïve, le harem eut tôt fait de lui apprendre la rouerie indispensable à toute survie en milieu courtisan.

De divertissements en folies et d'extravagances en manipulations puis en véritables inquiétudes sur son sort futur, elle finit par se laisser convaincre d'adopter pour fils – elle non plus n'avait pas d'enfant – un bouillant général. Le personnage, An Lushan, était un fils de la steppe promu généralissime des armées septentrionales, chargé de la sécurité d'une frontière particulièrement sensible, au nord de l'actuelle Pékin. De ce jour, tous les éléments et tous les acteurs du drame se trouvèrent en place : la belle écervelée qui ne voit pas plus loin que le bout de son éventail, l'empereur sybarite et le chef d'armée ambitieux, conscient de sa valeur et de sa réelle puissance. L'affaire se termina mal, comme elle le devait : An Lushan, croyant venu le moment de prendre le pouvoir, mit la vallée du fleuve Jaune à feu et à sang ; l'empereur Xuanzong s'enfuit, couvert de honte et de ridicule, pleurant sa vie agréable et la perte de ses beaux chevaux dressés à danser qu'An Lushan avait confisqués pour son usage personnel.

Quand, enfin, le souverain reprit ses esprits, dans la nature sanctuaire du Sichuan, les troupes restées fidèles à sa cause lui promirent une prompte restauration, à condition qu'il se débarrasse de la sotte dame Yang, rendue responsable de tous ses maux et de ceux de l'Empire. L'empereur accepta qu'on la pendît, puis finit par mourir de chagrin.

Entre-temps, il avait retrouvé son trône mais – ironie

du sort ou symptôme gravissime –, pour gagner ce résultat, il avait fallu appeler d'autres étrangers, les Ouïgours. Sans eux, les deux capitales, ou ce qu'il en restait après qu'elles aient été rasées par les rebelles (757), n'auraient jamais pu être reconquises, pas plus que le gouvernement n'aurait pu venir à bout de la révolte qui maintenant soulevait aussi les Chinois. Et encore cette reprise en main n'intervint-elle pas avant 762. Le mouvement lancé par An Lushan avait donc duré sept ans ; la Chine du Nord était ruinée ; aucun problème de fond n'était réglé : la sécurité de l'Empire se trouvait plus que jamais aux mains de ses ennemis en puissance.

LES BOUCS ÉMISSAIRES

Dans une telle situation, l'État cherche à la fois des boucs émissaires et des subsides. Les deux se trouvent, comme on sait, chez les victimes généralement désignées : les marchands – on confisqua partiellement leurs biens en 781 et 783 – et les communautés religieuses – essentiellement bouddhiques –, jugées pour la circonstance « étrangères », qui subirent le même sort en 845.

Tout cet argent, pourtant, ne suffit pas. En 874, on apprit à la cour que des groupes de sujets mécontents organisaient des soulèvements aux confins du Hebei et du Shandong. Le gouvernement, croyant toutefois la population majoritairement calme, fit distribuer des armes pour que tout un chacun pût participer à la traque des rebelles. Mauvais jugement : le mouvement se fit dans l'autre sens et les hommes nouvellement et légalement armés grossirent aussitôt les rangs des révoltés.

En l'espace de quelques mois, les troubles gagnèrent, vers le nord-ouest, jusqu'à Kaifeng, puis vers le sud jusqu'à Fuzhou (878), et enfin jusqu'à Canton (879).

Les témoins racontaient des drames hallucinants. Les insurgés obéissaient à Huang Chao, un lettré pauvre qui se vengeait ainsi des injustices dont il estimait avoir été victime. Dans leur aveuglement, ils pillaient et détruisaient tout sur leur passage. Ils coupaient même les mûriers, et les vers à soie mouraient, tout comme s'envolait l'argent attendu de la précieuse étoffe qu'on ne pouvait plus tisser. Désespérés, les producteurs de Canton allèrent demander réparation aux révoltés qui rejetèrent, à leur tour, la responsabilité du désastre sur des boucs émissaires : les artisans et négociants, surtout étrangers – musulmans, chrétiens, juifs, mazdéens. Ceux qui avaient échappé aux massacres perpétrés pendant la prise de la ville trouvèrent là une mort encore plus injuste.

L'argent et la prospérité ne revinrent pas pour autant. Le climat s'en mêla, faisant souffrir les insurgés – des hommes du Nord, qui supportaient mal les températures tropicales. De plus, la malaria puis la variole commencèrent à les décimer. Huang Chao se retira donc, ramenant son armée hétéroclite vers le fleuve Jaune. En 880, il prit Luoyang, puis Chang'an en 881. Une fois de plus, l'empereur et le gouvernement se réfugièrent au Sichuan, mais il n'y avait plus de jolie concubine à pendre.

Une fois encore, il fallut qu'un étranger appuyât de son bras armé l'autorité chancelante des souverains. Le héros en fut un Turk du Gobi, Li Keyong. Conformément à la morale de telles histoires, Huang Chao périt, promptement assassiné. Son principal lieutenant, Zhu Wen, accepta de rallier la cause impériale mais, pour cela, il fallut payer le prix : l'octroi d'un fief près de Kaifeng, au Henan (883).

Cet arrangement dura vingt ans, au bout desquels Zhu Wen fit assassiner l'empereur (904), puis les frères de celui-ci (905). Il plaça alors sur le trône vacant un adolescent qu'il comptait bien manipuler, puis qu'il chassa (907) et finit par faire exécuter.

Restait à sauter le dernier pas : Zhu Wen s'autoproclama empereur d'une nouvelle dynastie qu'il nomma des Liang postérieurs (907-923).

Quoi qu'aient pu en penser les acteurs du drame qui n'avaient pas eu la chance de le vivre jusqu'au bout, la révolte de Huang Chao était bien une rébellion de fin de dynastie.

9

LES CINQ DYNASTIES ET LA RÉUNIFICATION IMPÉRIALE

ÉTAT ET COLLECTIVITÉS LOCALES

Les lettrés chinois l'ont dit et répété depuis l'époque des Han : les fonctionnaires militaires – corps protecteur ou encore instrument exécutif – doivent céder le pas devant les fonctionnaires civils – tête pensante. Mais les uns comme les autres servent une même conception de l'État. En cas de disparition du pouvoir civil, le pouvoir militaire assure la relève, en attendant le nécessaire retour à l'ordre traditionnel. Une telle situation s'est produite plus d'une fois dans l'histoire chinoise, et se reproduira sans doute encore.

La bascule s'amorce quand les directives données de la capitale ne sont plus entendues dans les régions. L'immensité et la diversité culturelle des provinces chinoises donnent à ce phénomène humain général des couleurs particulières. C'est l'existence même de l'Empire qui est faite de cette tension permanente entre pouvoir central, à connotation juridique forte, et pouvoirs localement affirmés : en somme, la recherche d'une unité idéale à partir d'une extrême diversité régionale. Derrière l'effondrement d'une dynastie ou d'un régime, il faut donc lire, comme ailleurs, beaucoup plus que les malheurs de telle famille régnante en déclin, un affaiblissement généralisé de l'État face aux pouvoirs locaux. Or ceux-ci doivent leur enviable stabilité à deux réseaux : les réseaux militaires et les réseaux marchands. Et ces derniers savent aussi mener des guerres à long terme, attirant la bonne monnaie sur un territoire, tout en en privant les voisins. C'est sans doute l'une des contributions majeures de l'histoire chinoise à la construction d'un équilibre – ou déséquilibre – mondial que d'avoir, de façon précoce et continue, accumulé une si riche expérience des rapports entre sociétés locales et État centralisé.

ÉMIETTEMENT

La première moitié du Xe siècle vit donc s'effondrer le gouvernement des Tang. Peut-être ce dernier avait-il tout simplement fait son temps – trois siècles ; peut-être, surtout, était-il conçu davantage pour la conquête que pour la paix et sa disparition traduisait-elle un glissement vers la recherche d'une nouvelle forme d'État, plus stable, plus civil.

La démographie joua aussi un rôle majeur : si la population chinoise s'était indéniablement mise à croître à partir du IXe siècle, il se pourrait bien que la même tendance se fût affirmée chez ses voisins nomades. Mais, ces derniers n'ayant pas encore d'écriture, il n'existe, pour se faire une idée de la situation, que des supputations fondées sur une archéologie encore peu développée et des faits filtrés par l'interprétation des historiographes chinois.

Ceux-ci donnent le sentiment que des « empires barbares » poussèrent alors comme des champignons vénéneux aux portes nord et ouest de la Chine. Au Shanxi et au Hebei naquit en 923 une dynastie des Tang postérieurs : cela signifie que des proto-Turks du « désert de sable » (Shatuo, le désert de Gobi), ceux-là même qui avaient sauvé la cour chinoise en 884, lors de la révolte de Huang Chao, avaient fait bon usage du territoire que les Tang avaient offert à leur chef (Li Keyong), en paiement de ses services. Mais le gouvernement chinois, en donnant des arpents de montagnes, de lœss et de forêts, n'avait sans doute pas imaginé que les remuants guerriers finiraient par s'y structurer si bien.

Quant au reste de la Chine du Nord, il était aux mains d'une tribu turco-mongole, les Qidan, constitués en royaume depuis 916. Ils s'organisèrent, eux aussi, en empire à partir de 937, fondant la dynastie des Liao. Celle-ci sera si active qu'elle dominera les marches septentrionales de la Chine jusqu'au début du XIIe siècle (1125). Quand Marco Polo arrivera – s'il parvint jamais vraiment jusque-là – cent soixante-dix ans plus tard, il entendra encore parler d'eux : le Cathay, comme il dit en parlant de la Chine du Nord, est le pays des Qidan. Les Russes , via le turc Qïtaÿ, en ont fait la Chine.

Au sud, la situation, dans l'esprit d'un fonctionnaire chinois, ne pouvait paraître bien meilleure. Les maîtres de Canton, qui se prétendaient avec emphase les Han méridionaux, s'alliaient avec le royaume tibéto-birman de Nanzhao (925), puis avec celui de Dali qui lui succéda (937) à peu près sur les mêmes territoires. Par le biais de cette alliance, fort mal vue de la Grande Plaine, Canton et sa région s'ouvraient aux sphères tournées vers le monde indien. Mais qui se souciait encore du centre ? Les grands propriétaires et les marchands du delta du Yangzi faisaient eux aussi les yeux doux à des étrangers, en l'occurrence aux Japonais. Pendant plus de vingt ans, ils envoyèrent des émissaires dans l'archipel (en 935, 945, 959) pour tenter de convertir le gouvernement de Heian (Kyoto), tenant d'un protectionnisme très fermé, aux vertus du grand commerce international. Au bout du compte, pourtant, ils en furent pour leurs frais, ce qui les affaiblit, tandis que l'indépendance du royaume d'Annam (939) gênait notablement l'activité commerçante des Han méridionaux.

Royaumes nomades au nord, empire japonais à l'est, royaume d'Annam au sud : de nouveaux nationalismes refermaient ainsi la Chine sur elle-même. Or elle avait dépassé le temps des empires construits par le génie militaire ; il lui fallait donc inventer de nouveaux échanges, dans de nouveaux espaces.

LE TRIOMPHE DE ZHAO GUANGYIN

En 960, un certain Zhao Guangyin se déclara investi

du mandat du Ciel et prit le nom dynastique de Song, celui d'une antique et célèbre principauté de l'entre-deux-fleuves, sur la rive gauche du Yangzi ou la rive droite du fleuve Jaune.

Les histoires officielles donnent du personnage une image parée, comme il sied, de toutes les vertus propres aux grands fondateurs : il respectait scrupuleusement le culte des ancêtres et son premier geste fut, dit-on, de faire bâtir un temple en l'honneur de ses aïeux. Pénétré de confucianisme, il demanda que l'on peignît dans les écoles les portraits des grands sages de l'Antiquité, afin que leur effigie et les mâles vertus qui s'en dégageaient fussent toujours présentes aux yeux des jeunes générations, et plus parlantes que les tablettes des morts matérialisant, selon l'usage, leur survie dans la mémoire des générations descendantes.

L'histoire réelle fut peut-être aussi édifiante, mais beaucoup plus animée. Elle commença dans la région de Kaifeng, au Henan, ce qui ne relevait certes pas du hasard.

Kaifeng se trouvait au cœur d'un minuscule État, dit des Zhou postérieurs, créé tout récemment, en 951, par une certaine famille Guo. La famille Guo était chinoise et fière de l'être, face aux dirigeants « barbares » qui tenaient les territoires du nord et de l'ouest et avec lesquels elle voulait en découdre, comme d'ailleurs avec tout le monde, y compris ses voisins chinois. La mainmise sur les biens du clergé bouddhique lui permit en 955 de financer une campagne militaire contre le régime installé à Nankin (les Tang méridionaux), au sud (958) et contre les Qidan (959) au nord.

Mais la guerre, incertaine, pas plus que l'oppression du clergé bouddhique, toujours populaire malgré la répression subie un siècle plus tôt (845), ne plaisaient pas à tout le monde. Au sein même de l'armée, des voix s'élevaient contre les Guo, jugés incompétents et corrompus. Lorsque la mort de l'éphémère « empereur » de la famille Guo plaça sur le trône un enfant, l'occasion parut trop belle de le remplacer. Le général en chef des armées organisa un *pronunciamiento* contre l'empereur-enfant et fit chercher son propre frère, Zhao Guangyin. Ce dernier, général lui aussi, se fit traîner, plus qu'il n'arriva, tout embrumé d'alcool. Mais ses fidèles soldats l'acclamèrent et l'élevèrent sur le pavois, comme un chef franc. Lorsque enfin Zhao Guangyin revint à son état normal, il était maître de Kaifeng. Ce faisant, il devenait aussi maître de la Chine. Ce n'était pas un hasard.

Derrière ce triomphe légendaire se profilent deux circonstances favorables : l'attachement d'une armée à son chef, nécessaire pour réussir le putsch, et des intérêts économiques, indispensables pour garder le pouvoir.

À Kaifeng, il y avait, comme partout, des guildes marchandes. Mais celles de Kaifeng étaient les seules à pouvoir monétiser d'une manière fiable les billets à ordre remis aux marchands, ce qui impliquait l'existence en cette région, et en celle-ci seulement, d'une société fiduciaire : une administration suffisamment appuyée par ses banquiers pour pouvoir payer régulièrement ses fournisseurs et des marchands qui, assurés d'être honorés, acceptaient de livrer leurs céréales et d'approvisionner les troupes au simple reçu d'un billet. Et si Zhao Guangyin put durer, c'est, entre autres, parce que le système finit par faire boule de neige, attirant à lui les autres régions.

Comme il se doit, la légende dorée des empereurs fondateurs de dynasties lui attribue aussi d'autres vertus. La rumeur veut qu'il ait été très attentif à l'opinion publique. Il sortait, dit-on, déguisé pour écouter les bruits courant dans la rue ; quand ses proches redoutaient un mauvais coup, il répondait que son destin avait toujours été, et se trouvait plus que jamais, entre les mains du Ciel.

On raconte aussi qu'il se montra toujours très attentif, en bon confucéen, aux désirs de sa mère. Celle-ci, de son côté, lui donnait des conseils pleins de bon sens. Elle s'inquiétait notamment de sa succession, lui rappelant qu'il avait pu évincer les Zhou postérieurs (les Guo) essentiellement parce qu'un enfant occupait le trône. Elle l'exhortait sans relâche à bien garder la confiance de ses frères et à imaginer un système de succession qui réduisît le plus possible les régences. Il en aurait fait la promesse solennelle sur le lit de mort de la vieille dame. Effectivement, l'une des principales actions des empereurs Song fut, pour le plus grand bien de l'État, de tenter de clarifier les successions. Mais la démarche politique a plus belle allure quand elle devient un acte de piété filiale.

10

LA DYNASTIE DES SONG

Le hasard veut parfois que les cycles de la nature et ceux des hommes coïncident, sans que l'on sache trop s'il faut ou non y voir une relation de causalité directe. Le tournant de ce qui était, en Europe, l'an 1000, fut marqué en Chine par un net refroidissement climatique. En Chine du Nord, le phénomène prit même une telle ampleur que les mûriers se mirent à dépérir. D'année en année, les fermières avaient de plus en plus de mal à nourrir leur vers à soie et, lentement, la sériciculture quittait la vallée du fleuve Jaune et même l'entre-deux-fleuves. En compensation, elle s'étendait, plus active que jamais, au sud du Yangzi, où humidité et chaleur conservées créaient les conditions d'un développement agricole dynamique. Le climat et une activité attirant l'autre, les plus entreprenants ou les plus pauvres des paysans de la Grande Plaine commencèrent à aller chercher fortune au Jiangnan où, de loin, tout paraissait plus facile.

Il faut reconnaître qu'en l'espace de deux siècles, non

seulement le climat, mais l'atmosphère du Nord dans son ensemble avaient bien changé. Il était loin le temps où toutes les richesses de l'Eurasie aboutissaient à Chang'an, la belle capitale qui commandait à la Chine entière, précisément à cause de sa position de verrou au départ des routes de la Soie. Irréversiblement, une humanité multiple peuplait les espaces jadis vides ou presque de l'Asie centrale. Ces terres montagneuses, boisées, glaciales en hiver, étouffantes en été, riches en prairies mais pauvres en eau canalisable, étaient assurément peu propices à des peuplements horticoles de type chinois. Elles nourrissaient en revanche l'activité des pasteurs et des chasseurs ; les siècles passant, ceux-ci hésitaient toujours davantage entre le nomadisme intégral et une sédentarisation partielle. Le gouvernement chinois s'en méfiait depuis l'Antiquité ; il avait bien raison, et ce n'était pas le moment de baisser la garde, car certains d'entre eux commençaient à devenir des voisins fort visibles et, d'un point de vue chinois, encombrants.

PEUPLES DIFFÉRENTS, NIVEAUX DE VIE INÉGAUX

Les Qidan tenaient le Liaoning et le Hebei septentrional, c'est-à-dire le nord de Pékin. Les Tibétains, enfin, ne faisaient plus trembler Chang'an – ville abandonnée, morte –, mais d'autres avaient pris leur place (1038) – les Xi Xia, qui bloquaient dès lors le verrou du Gansu. Et les Tibétains n'avaient certes pas disparu pour autant : en guise de consolation, ils pesaient plus que jamais sur le

Sichuan, qu'ils occupaient partiellement. Alliés aux Birmans, ils avaient même pris Kunming et fondé (902) le royaume de Dali, à cheval sur les frontières politiques traditionnelles de la Chine et de la Birmanie. Ainsi, le second millénaire, selon le comput occidental, et la nouvelle dynastie des Song, pour la Chine nouvellement réunifiée, s'annonçaient mal : le climat de la Grande Plaine se gâtait au moment précis où les Chinois se trouvaient toujours plus réduits à leurs seules ressources, à l'instant, aussi, où *étranger* commençait à rimer systématiquement avec *danger*.

Il ne s'agissait pas seulement de délire nationaliste tel qu'en pouvait nourrir un vieux lettré patriote, mais d'un cauchemar de ministre des Finances. Pourquoi ? Parce que le gouvernement des Song ne pouvait concevoir ni la guerre ni la paix comme ses voisins. Il y avait, entre les uns et les autres, une trop grande différence de développement. Les communautés de la périphérie de la Chine constituaient des peuples en pleine expansion, grâce à l'excellente maîtrise d'une économie de cueillette qui demeurait pourtant rudimentaire ; pour ces gens-là, la guerre constituait un enjeu sérieux, dans lequel ils avaient certes beaucoup à perdre, mais bien plus encore à gagner.

Vue du côté chinois en revanche, dans le cadre et sur le territoire d'une économie très développée, et donc complexe, la guerre créait infiniment plus de problèmes qu'elle ne pouvait en résoudre. Quel butin les Chinois iraient-ils prendre sur les terres, à leurs yeux désolées car impropres à la riziculture, des Qidan ou des autres ? Les hommes d'État des Song ne pouvaient donc recourir qu'à deux expédients : dévier la concupiscence et l'ardeur belliqueuse de leurs voisins moins riches vers d'autres lieux et d'autres adversaires, ce qui relevait du vœu pieux puisque la Chine était effectivement le phare de l'Asie orientale ; ou payer afin de les faire participer à une relative prospérité générale et, ainsi, les engager à se tenir tranquilles.

Le gouvernement Song paya officiellement, à partir de 1004, pour « racheter » la majeure partie du Hebei et du Shanxi ; mais les Qidan n'en gardèrent pas moins deux villes clés, Datong et Pékin. Quarante ans d'un calme relatif furent ainsi gagnés, jusqu'à ce que les Qidan fassent à nouveau monter les enchères (1042), aussitôt suivis par les Xi Xia. Au bout de deux ans de négociations serrées, les Song acceptèrent de verser chaque année aux Xi Xia d'importantes provisions de monnaie sonnante et trébuchante, de soie et de thé – breuvage précieux entre tous pour les nomades auxquels il apportait une dose indispensable de vitamines introuvables dans leur régime alimentaire habituel.

Ces histoires de voisinage éternellement recommencées sont exemplaires à plus d'un titre : elles mettent en jeu les réactions d'un pays qui voit son champ d'action se réduire au moment précis où il parvient à une nouvelle phase d'expansion économique. On y suit le chemin d'expériences menées à très grande échelle et qui, de ce fait, peuvent avoir une passionnante valeur d'exemple : la recherche de la paix à n'importe quel prix, qui se traduit par un indéniable et nécessaire partage des richesses avec les pays de la périphérie ; et, au-delà de cette mesure de première urgence, la transformation conceptuelle profonde d'un gouvernement cherchant à créer de tous côtés, et d'abord en son sein, la stabilité indispensable à son expansion, et même à son simple maintien.

C'est sous les Song, et sous le poids de ces contraintes de macropolitique, que fut repensée la notion même de légitimité du pouvoir.

À QUOI SERT UN EMPEREUR ?

Depuis Sima Qian, les Histoires dynastiques en faisaient un leitmotiv : la vertu des princes dégénère vite, qui conditionne l'attribution du mandat céleste, et la révolution « légitime » peut donc intervenir à tout instant. Que le système soit moral, certes ; mais il se révélait à l'usage inapte à créer la stabilité dont ont besoin les sociétés complexes.

À dire vrai, le ver du fruit se trouvait dans la conception même de l'Empire telle qu'elle s'était mise en place depuis le Premier Empereur : cet homme qui incarnait d'abord la force taoïste du non-agir, qui se repliait sur lui-même à la seule écoute du souffle cosmique, qui n'entendait, ne voyait et ne parlait à ses contemporains que par le truchement de ses ministres. À l'abri d'éventuelles passions personnelles, il se trouvait aussi, et parfois surtout, prisonnier des coteries qui constituaient entre lui et le reste du monde une barrière souvent étanche. De plus, et pour noircir encore le tableau, la succession impériale, toujours organisée avec l'idée de suivre le cheminement d'un éventuel mandat du Ciel, était rien moins qu'assurée.

Les différents partis représentés au gouvernement finissaient bien par s'accorder sur le choix d'un successeur : un fils de préférence, ou bien, à défaut, un frère ou encore un neveu. Mais, tant que l'empereur régnant était vivant, la bonne étoile du futur élu pouvait pâlir du jour au lendemain, une autre faction ayant évincé celle qui le soutenait. Si l'on y ajoute la lutte éperdue des mères possibles, dans un système de polygamie – seule la mère de l'héritier présomptif recevant en théorie le titre officiel d'impératrice –, si l'on considère aussi les intrigues menées par les familles de ces femmes, on imagine la multiplicité et la complexité des situations.

Les empereurs Song, en la matière, passèrent une bonne partie de leur vie à faire le ménage, instituant, dans la mesure où la nature le permettait, la régularité des successions, du père au fils aîné. Curieusement, il semble néanmoins que ces hommes, aux sens perpétuellement sollicités et théoriquement comblés, aient été passablement stériles. Affaire de mauvais régime alimentaire ? ou de mortalité infantile lourde ? La question, relançant à chaque fois les troubles nés d'une succession incertaine, se posera avec la même acuité sous les Ming. Rendons grâces pourtant aux Song : jamais la cour ne retentit, sous leur mandat, de ces péripéties sanglantes qui marquèrent aussi bien la dynastie des Tang que celle des Han. Il resta pourtant qu'un empereur, passées les deux premières générations fondatrices, veillait sagement, suprêmement et modestement à ne pas s'immiscer d'une manière trop pointilleuse dans les affaires de l'État. Irremplaçable et nécessaire recul, indispensable repli au-dessus des partis : les ministres applaudissaient et se réservaient le jeu, savant et risqué, des réformes.

RÉFORMER, MAIS QUOI ? ET COMMENT ?

Cela commença avec Fan Zhongyan (990-1053), dont le programme consistait surtout à mettre de l'ordre et empêcher les dérives classiques de tout système administratif, comme le népotisme et la corruption. Une génération plus tard, les plus grands intellectuels du temps, qui exerçaient aussi des charges administratives – comme le poète Su Dongpo (1036-1101), le mathématicien Shao Yong (1011-1077) ou les historiens Ouyang Xiu (1007 –1072) et Sima Guang (1019-1086) –, se penchaient activement sur la question. Tous partageaient désormais la même conviction qu'il fallait réformer : mais quoi, et dans quelle direction ? Leurs goûts portaient plutôt la majorité d'entre eux vers la réflexion sur les expériences passées et la réactivation d'un certain nombre d'essais administratifs des Tang, comme le système des examens qui leur paraissait le seul procédé judicieux pour recruter un corps de fonctionnaires compétents, tout en échappant à la mainmise des familles militaires auxquelles la fin des Tang et les Cinq Dynasties avaient redonné beaucoup de leur antique puissance.

Mais d'autres, qui se disaient les vrais réformateurs, face au parti de ceux qu'ils appelaient conservateurs, bouillaient d'imposer des solutions plongeant leurs racines dans un passé si lointain qu'elles en devenaient entièrement nouvelles.

Le parangon de ces réformateurs radicaux s'appelait Wang Anshi (1021-1086) et – paradoxalement pour un homme qui voulait tant changer – était habité par le mythe confucéen de l'âge d'or : réformer, c'était y revenir radicalement, retourner à la pureté des origines, tout en faisant fi des exemples plus récents et sans trembler devant les prétendus « signes du Ciel » que les astronomes et devins de la cour suivaient avec inquiétude. Du confucianisme, Wang Anshi gardait le rêve d'une perfection perdue, tout en rejetant la démarche étroitement historiciste. Son livre de chevet n'était pas les *Entretiens* (*Lunyu*) de Confucius, mais le très antique *Rituel des Zhou* (*Zhouli*) qui avait aussi, à l'époque des Han, inspiré l'usurpateur Wang Mang : tout un programme qu'il diffusa en 1058 sous la forme d'une longue *Lettre de dix mille mots* (*Wanyanshu*).

Malgré cette odeur de soufre, et le mauvais caractère du personnage, connu pour son entêtement et son intolérance, un empereur – Shenzong (reg. 1067-1085) – finit par écouter Wang Anshi et lui offrit sa chance : le temps des réformes, commencées en 1069 et reprises durant l'ère Yuanfeng (1078-1085), dura autant que le souverain.

Fiscalité, armée, police, monopoles, recrutement des fonctionnaires : tout y passa. L'intérêt apporté à l'aspect économique des problèmes – que soulignaient déjà certains textes de l'Antiquité, tels le *Guanzi*, autre ouvrage de l'époque des Zhou – donnait au programme de Wang Anshi une indéniable originalité. Mais les conservateurs, comme il se doit, fulminaient : pour eux, les questions les plus importantes tournaient autour des notions de morale. C'était cela qu'il convenait de réformer et de renforcer : la moralité, fondement du succès de toute action. Tout le reste n'était qu'expédients et poudre aux yeux.

Personne ne s'étonna donc que, sitôt connue la mort de l'empereur Shenzong qui le protégeait envers et contre tout, Wang Anshi fût prié de retourner à ses travaux de poésie – tous admiraient son talent littéraire –, tandis que Sima Guang s'empressait de faire abolir les réformes (1086).

Le monde n'alla pas vraiment mieux pour autant. Avec une prudente obstination, les empereurs, au fil des années, suscitèrent l'« alternance » des deux partis, sans que la balance penche jamais nettement en faveur des uns ou des autres, pas plus qu'elle n'avait départagé, sous les Han, les tenants du légisme et ceux du confucianisme. Cette politique des Song, à courte vue peut-être, eut tout de même un résultat ; malgré les épreuves imposées par une politique extérieure contraignante, elle apporta à l'Empire un bien inestimable : cent ans d'une sorte de prospérité.

MANGER GRÂCE AU RIZ DU CHAMPA

Les premiers acteurs, et aussi les premiers bénéficiaires, en furent les agriculteurs. L'introduction de variétés hâtives de riz du Champa conjuguée à la généralisation de l'irrigation des champs et à la pratique systématique du repiquage aboutirent à une élévation considérable des récoltes : chaque arpent de bonne terre produisait deux fois plus qu'à l'époque des Tang.

Mieux nourries, moins soumises aux aléas climatiques, nombre de familles rurales développèrent des activités qui, d'annexes, finirent par devenir parfois principales . la préparation des feuilles de thé, la production de divers alcools régionaux, la fabrication de confiseries – pour absorber et conserver des récoltes de fruits qui venaient tous à maturité en même temps –, la teinture des tissus, d'innombrables travaux de vannerie vendus sur les marchés urbains ou proposés chez les riches particuliers, et même l'extraction de certains minerais.

Peu à peu, on s'aperçut que toutes ces activités « libérales », dont l'État ne s'occupait en rien, finissaient par vider partiellement de leur substance les circuits traditionnels des monopoles impériaux sur les produits de grande consommation (le sel, le fer, le thé, certaines formes d'alcool).

Ainsi, la société changeait, exigeant de la part de ses dirigeants une attention constante, un perpétuel réajustement des mesures. La position de l'empereur en la matière était souvent délicate à tenir : qu'il soit trop interventionniste et les partis l'entraînaient dans leurs querelles ; qu'il soit faible ou s'adonne à d'autres intérêts et il se laissait facilement détourner de la gestion de son Empire. Si tout allait bien, ses ministres, ayant le champ libre, lui en savaient alors gré ; si tout allait mal, ils ne manquaient pas de lui en faire porter la responsabilité.

L'EMPEREUR HUIZONG

Le parangon de ces empereurs respectables, et qui pourtant incarnent une forme de perdition, est Huizong (reg. 1101-1125). Les peintres saluent en lui avec raison le plus convaincu de leurs admirateurs et celui qui sut leur donner un statut prestigieux, à l'opposé de la condescendance largement méprisante dont on les gratifiait d'habitude, même quand on acceptait de les payer généreusement. Mais, emporté qu'il était par son amour des objets beaux et rares, Huizong passa plus d'une fois la mesure. Il montrait, par exemple, un goût affirmé pour les pierres aux formes étranges et contournées : il en ornait sans fin les cours et les jardins du palais, suivant en rêve les paysages imaginaires que les concrétions naturelles dessinaient. Les plus belles de ces roches venaient des provinces méridionales : elles remontaient, par voie d'eau, le long du Grand Canal, du sud du Yangzi à Kaifeng – les textes administratifs les mentionnent même officiellement sous le nom de « convois de pierres d'ornement ». Le flot en paraissait inépuisable. C'est que les administrations transmettaient aux provinces concernées les vœux et les goûts de l'empereur. Tandis que des miséreux cherchaient, taillaient, chargeaient les pierres pour rien ou presque, des aigrefins s'enrichissaient au passage, dans le dédale des circuits légaux et illégaux, avec trafic d'influence à la clé.

C'est ainsi qu'une « folie », bien sage dans son principe, finit par susciter une brève mais terrible révolte, celle d'un homme connu surtout sous un sobriquet, Fang La, entrepreneur du Zhejiang qui refusa un jour de continuer d'envoyer pour rien des pierres extraordinaires à l'empereur. Nourris d'une doctrine qui empruntait à la fois au bouddhisme et au manichéisme, Fang La et ses compagnons, prêchant la rébellion contre un corps mandarinal jugé incompétent (et, de fait, surtout trop peu nombreux), mirent pendant un an la province à feu et à sang. Au-delà d'une fureur, condamnable mais compréhensible, c'était l'équilibre même des échanges chinois qui se trouvait remis en question : le Sud refusait une nouvelle fois de servir le Nord.

À nouveau, les administrateurs s'interrogèrent : Fang La était-il un fou isolé ou traînait-il avec lui un relent de fin de dynastie ? Une chose était sûre : malgré une situation locale dramatique, le pouvoir était resté à la dynastie, et la vieille aristocratie territoriale n'avait pas relayé le mouvement de révolte.

Cela signifiait que l'action menée depuis plus d'un demi-siècle par le gouvernement avait porté ses fruits : l'administration recrutait ses cadres en fonction de leur compétence, sanctionnée par des examens. Et cette nouvelle aristocratie-là, que l'on envoyait généralement servir très loin de ses racines familiales, se montrait peu encline à embrasser les causes locales. Traditionalistes ou réformateurs, ceux qui, au long du XIe siècle, avaient bâti la nouvelle administration chinoise avaient fait du bon travail.

IMPÉRIALE INCONSÉQUENCE

Huizong aurait ainsi pu retourner sans peine à ses chères études s'il n'avait commis plus tôt une autre erreur, encore plus grave que d'aimer trop les pierres de jardin.

Huizong s'était inquiété – rien de plus normal – de la présence de plus en plus sédentaire, et de plus en plus pressante, des Qidan dans les provinces du Hebei et du Shanxi. Sans doute piètre stratège, il n'imaginait pas d'autre solution que celle, classique, de l'encerclement : pour cela, il avait fait appel à un autre peuple de la périphérie – les Jurchet –, leur suggérant (1114), subsides à l'appui, de peser sur le flanc nord des Qidan. Un an plus tard, personne, à la cour, ne prêtait attention au fait que des Jurchet s'organisaient à la chinoise, fondant une dynastie qu'ils nommèrent Jin, « l'or » ou « dorée ». De Kaifeng, on s'intéressait seulement à la manœuvre qui, lentement, très lentement, se mettait en place. Au bout de huit ans, enfin, les Jurchet prirent aux Qidan (1122) la ville qui allait devenir Pékin. Huizong et ses amis soupirèrent d'aise. Pas pour longtemps.

Trois ans après, les Jurchet, ainsi mis en jambes, se présentaient devant Kaifeng qu'ils enlevaient en 1126. Massacres, pillages, fuite éperdue de la cour et du gouvernement. Tous ne purent s'échapper : Huizong, l'impératrice en titre et l'héritier présomptif furent emmenés captifs, loin dans le nord, chez leurs curieux « amis » nomades qui dominaient maintenant l'ensemble de la Chine du fleuve Jaune. Huizong mourut en captivité, quelques mois plus tard, de désespoir et d'épuisement. Avec lui s'évanouissait une nouvelle fois le rêve unitaire.

LES SONG DU SUD

La structure de l'Empire, cependant, était telle – et apparemment aussi la fidélité à la dynastie – que les Song réussirent un tour de force : dès 1127, un fils cadet de Huizong se faisait reconnaître à Nankin et demeurait en place, malgré des incursions Jurchet jusqu'à Ningbo (1129 et 1130). On se retrouvait devant la partition traditionnelle en Chine du Nord et Chine du Sud. La cour et l'empereur finirent par se fixer en un lieu sûr (1132) : Hangzhou. La ville s'étendait au fond d'un estuaire, dans le delta sablonneux du Yangzi, sur une langue de terre que l'eau – le bras du fleuve, le lac de l'Ouest et la mer – protégeait sur trois côtés. Le calcul était bon : la dynastie réussit à s'y maintenir encore cent quarante ans, et ce fut un autre ennemi qui l'en délogea.

LA VIE DU SUD

Ce qui changea sous les Song du Sud ? Peu de choses, en apparence, si l'on s'en tient aux principes et aux lignes politiques essentielles du gouvernement. Mais les effets matériels de la conquête des Jin eurent des répercussions sans fin. Les Chinois avaient répondu à l'invasion par l'exode : non seulement les riches, emportant avec eux leur argenterie, leurs bronzes antiques et leurs collections de peintures soigneusement roulées, mais aussi les pauvres, qui n'avaient rien à perdre, et les artisans de luxe, qui suivaient leur clientèle. Tous se dirigeaient vers le Sud comme vers la Terre promise ; un dicton disait même que le grenier de la Chine se trouvait là, prospérant grâce à la mise en culture, d'abord expérimentale, des terres basses : « Quand les récoltes mûrissent dans les préfectures de Suzhou, Huzhou et Hangzhou, le monde a de quoi manger. »

En quelques années, un véritable flot migratoire s'abattit ainsi sur le Yangzi, dont chacun espérait qu'il constituerait, face aux Jurchet, un rempart infranchissable. Les plus argentés des nouveaux venus s'empressèrent d'acheter les propriétés disponibles. Faute de mieux, les derniers arrivés acquirent lacs et marécages qu'ils asséchèrent en partie, sans s'inquiéter outre mesure des dégâts que la dérivation des eaux pouvait causer chez leurs voisins. Au long des années, l'indéniable mise en valeur du terroir du Sud prit ainsi l'aspect d'une lutte, sourde ou ouverte, entre résidents d'hier et d'aujourd'hui, occupants historiques, nouveaux venus gêneurs, riches imposant leur contrôle de l'eau, et pauvres contraints de le subir. Les jacqueries éclatèrent plus d'une fois.

LES COLOMBES ET LES FAUCONS

L'État, pour sa part, s'en mêlait peu, accaparé qu'il était par un problème encore plus grave : celui de sa survie militaire face aux Jurchet. Fallait-il inventer un *modus vivendi* avec eux ? Ou tenter la reconquête du Nord, comme le prônait le général Yue Fei qui mena, de 1134 à 1138, une campagne de harcèlement si vigoureuse que les Jurchet finirent (1141) par proposer la paix ?

Elle fut acceptée et dura vingt ans, malgré le parti des patriotes qui en faisait retomber la honte – à leurs yeux – sur un ancien Premier ministre, Qin Gui (1090-1155), emmené en captivité par les Jurchet, évadé (1130), ardent défenseur de la paix, mais dont les détracteurs disaient qu'il avait été retourné par l'ennemi. La paix, donc, dura vingt ans, tout ronds. Au bout de ce temps, les Jurchet reprirent les hostilités. Bien mal leur en prit. Les Song du

Sud leur infligèrent une cinglante défaite (1162) à Caishi (Anhui) : la technologie chinoise, avec sa flotte fluviale – ses impressionnants navires de guerre mus par des roues à aubes –, triomphait. Elle apporta à la Chine du Sud encore un demi-siècle de paix.

11

L'ÉCOLE DU PRINCIPE

Les voyageurs occidentaux l'ont claironné depuis trois cents ans : les Chinois sont superstitieux, mais ils ne croient ni en Dieu ni en diable. Superstitieux ? Peut-être. C'est le sort courant des pauvres et des laborieux : faute de temps pour penser, il ne leur reste qu'à s'en remettre aux mains de divinités consolantes et improbables. Mais les autres ? les Chinois qui pensent ?

Les lettrés, dont le métier est de concevoir et d'administrer le monde, se sont toujours reconnus agnostiques ou encore, comme Confucius, trop incertains et trop convaincus de l'incompréhensibilité des choses pour parler de ce qui échappait à leur entendement immédiat. Cet agnosticisme s'exprima même souvent si fort qu'il arrêta plus d'une fois les élans spéculatifs auxquels, déjà, nombre d'entre eux consacraient peu de temps : les questions concrètes du maintien de l'équilibre et de l'ordre social absorbaient l'essentiel de leur énergie. Mais les vrais philosophes, dans ce temps des Song où l'on repensait les bases mêmes de la théorie impériale et de la société, ne pouvaient éluder le débat. Ils s'y plongèrent résolument, à corps perdu.

BOUDDHISME ET CONFUCIANISME

Confucius avait un concurrent ; il ne le savait pas, et pour cause ! C'était presque un contemporain – son « extinction complète », entendez sa mort, survint en effet vers 480 avant notre ère – et il vivait en Inde du Nord. Il fallut bien des générations pour que la doctrine du Bouddha parvînt jusqu'en Chine, et plus encore pour qu'elle y fût perçue dans son originalité – pour que les motifs à fleurs de lotus représentés parfois au dos des miroirs de bronze suggèrent autre chose, à leurs admirateurs chinois, que l'envol poétique d'un immortel taoïste, bien ancré dans la tradition nationale.

Tout changea, paraît-il, en 65 de notre ère. Cette année-là, l'empereur Ming, des Han orientaux, vit en songe un être extraordinaire : humain, et pourtant ni homme, ni femme, au corps long et gracile et comme immatériel. Il en émanait une lumière dorée, merveilleusement apaisante. L'empereur Ming s'éveilla profondément remué. À quelque temps de là, une caravane se présenta à la cour. Quelle ne fut pas la surprise du souverain lorsqu'un voyageur, monté sur un cheval blanc, sortit de ses fontes une petite statue de bronze doré, réplique exacte de la vision onirique qui l'avait tant troublé. L'empereur Ming, stupéfait, fit fonder un établissement pour abriter à

Luoyang l'image miraculeuse, ainsi que les hommes capables d'expliquer son message. Ainsi naquit le temple du Cheval blanc : ce fut, en Chine, le premier centre d'étude et de traduction de textes bouddhiques ; il existe toujours, même si les bâtiments en ont été démolis, rebâtis, transformés, dénaturés cent fois au cours des siècles. C'est ici que des penseurs chinois, secoués par la conviction de croyants étrangers, apprirent peu à peu à sortir d'eux-mêmes.

Ce ne fut ni un hasard, ni une affaire simple. Au cours du IIe siècle, on se remit à circuler d'Iran en Inde et d'Inde vers l'Asie centrale. En Inde même, l'enseignement du Bouddha, déjà bien ancien, avait donné naissance, aux environs de notre ère, à deux courants passablement antinomiques et concurrents : le courant traditionaliste, prônant la quête individuelle de la Vérité, et le « grand moyen de progression » (*Mahāyāna*), qui enseignait, d'abord, à aider les autres avant de se sauver soi-même. Un schisme en était résulté qui, comme tous les schismes, poussait les partisans de l'une et l'autre école à chercher des appuis partout et ailleurs. Cent ans plus tard, l'échiquier politique modifiait encore la donne : rejetant le bouddhisme, et l'empêchant aussi, par la même occasion, d'essaimer vers l'Occident, l'Iran ne lui laissait qu'une voie de sortie : la Chine.

Il se trouvait justement que les idéologies anciennes n'y apportaient plus les indispensables explications du monde, et encore moins les nécessaires consolations devant la mort. Le bouddhisme vint donc à point nommé vivifier une nouvelle forme d'espoir – et tout espoir était, à ce moment-là en Chine, bienvenu, fût-il par nature profondément pessimiste. La rencontre, pourtant, prit des siècles. Elle reposa d'abord sur d'incessantes traductions, comme celles de Kumārajīva (344-413), fils d'un Indien et de la sœur du roi de Kucha.

À la fin des Tang, le bouddhisme avait si bien réussi qu'il influençait peu ou prou tous ceux qui, en Chine, se piquaient de pensée : ceux qui croyaient au *nirvāna* et ceux qui n'y croyaient plus ; ceux qui lisaient encore les textes chinois anciens et ceux pour qui cette langue, antérieure au grand remue-ménage du Xe siècle, était devenue incompréhensible ou presque, faute de bien percevoir la société dont elle exprimait le message.

Les philosophes, ainsi aiguillonnés, se mirent à étudier les enseignements de Confucius sous un angle nouveau, en termes de philosophie de l'être et de religion du salut. La cote d'amour des textes hérités de l'Antiquité s'en trouva modifiée. Xunzi, le positiviste, dont se réclamaient depuis si longtemps les légistes, s'effaça doucement devant Mengzi, le mystique. On se passionna, par ailleurs, pour le savoir ésotérique hérité des devins de l'âge du Bronze : la divination parut même une science trop sérieuse pour être laissée aux mains des seuls maîtres taoïstes. Les meilleurs esprits cherchèrent dans le *Livre des mutations* (*Yijing*) une mise en formules globalisante de l'univers. Ainsi naquit l'étude de la Voie (*daoxue*), fortement synchrétique, bien que ses créateurs aient voulu, et affirmé avec emphase, s'inscrire dans la seule lignée du confucianisme.

La mutation complète se fit un peu plus tard, du XIe au XIIe siècle. Ce ne fut pas une simple tempête dans un verre d'eau d'intellectuel : ceux qui en furent les artisans, tout comme leurs idées, modelèrent l'Empire pendant sept siècles et connaissent actuellement un étonnant regain de popularité.

Le premier fut Zhou Dunyi (1017-1073). Il inventa la notion de « principe (ou faîte) suprême » (*taiji*), point de convergence ou de régulation de l'énergie binaire et alternative (féminin/masculin, *yin/yang*) qui anime le monde après lui avoir donné la vie. Sur ces idées-là travaillèrent aussi Shao Yong (1011-1077), le mathématicien réputé – déjà rencontré dans la bataille des conservateurs et des réformateurs –, et Zhang Zai (1020-1077), demeuré célèbre pour ses travaux sur l'« amour universel ». Mais ce fut la génération suivante qui franchit le pas décisif : Cheng Hao (1032-1085) et son frère Cheng Yi (1033-1108) définirent la matière (animée ou pas ?) dans laquelle prennent forme tous les êtres (c'est l'un des sens du terme *qi*), selon une loi, ou une logique (*li*), réglant l'ensemble des rapports concevables entre les existants. Ils bâtirent ainsi un château d'idées qu'ils eurent l'habileté de traduire en termes simples – en apparence seulement – et en se référant au corpus de textes « classiques » de l'Antiquité dont ils prônèrent l'enseignement dans les écoles – et cela au moment précis où se développait l'imprimerie, elle-même favorisée par le poids nouveau de l'enseignement normatif et des examens dans la vie nationale.

LA DIVINISATION D'UN MAITRE À PENSER : ZHU XI

La renommée n'est pas toujours juste car elle couronne d'une manière souvent exclusive l'homme qui se trouve là au bon moment, présentant un habile mélange des qualités prisées de ses contemporains. Tel est le sentiment mitigé que l'on ressent parfois devant la gloire plurisé-culaire de Zhu Xi (1130-1200), même si personne ne conteste l'indéniable grandeur du personnage.

Il incarne le lettré par excellence : docteur (*jinshi*) à dix-neuf ans, philosophe, mystique fortement imprégné de bouddhisme et fonctionnaire réglant avec soin les affaires de sa modeste circonscription campagnarde, il donne corps mieux que personne à l'idéal de l'homme complet selon la tradition chinoise. Pour parfaire encore le tableau, il savait même faire preuve de courage : en 1163, il lança une pétition contre le Premier ministre de l'époque, Tang Situi, un partisan de la paix à tout prix, qu'il accusait de lâcheté et de défaitisme. Zhu Xi était un ardent faucon.

Le pouvoir n'apprécia pas et commença à se méfier de cet homme qui parlait et écrivait si bien, et qui savait attirer à lui tant de disciples. Les choses prirent leur temps, mais finirent par tourner mal : en 1196, Zhu Xi fut démis de sa charge. L'homme ne se laissa pas abattre : quatre ans plus tard, il obtenait sa réintégration officielle, suivie, il est vrai, de sa mise à la retraite, car il avait alors soixante-dix ans. Mais l'honneur était sauf, même si le sort, de nouveau, s'abattit sur lui : il mourut en quelques semaines de la dysenterie.

La génération suivante jugea bon de l'anoblir à titre posthume (1227), puis finit par placer – honneur suprême – sa tablette funéraire dans le temple de Confucius. De fils en petit-fils, l'idée cheminait que Zhu Xi avait trouvé la véritable explication du monde.

Reprenant l'héritage des pères de l'école du Principe (*lixue*), il avait en effet expliqué comment le souffle vital (*qi*) s'unit à une forme matérielle (*xing*) et donne à chaque être sa conscience (l'un des sens possibles de *xin*). S'il est bien connu que Zhu Xi a suivi un enseignement bouddhique dans sa jeunesse et qu'il y a beaucoup plongé, il a aussi toujours exprimé – en opposition avec le bouddhisme – que l'être a un sens, que ce sens fonde la morale, elle-même base de toutes les relations sociales, et que les rites rendent sensibles le fait qu'ancêtres et vivants sont faits du même *qi*.

Périodiquement, les historiens s'interrogent sur le pourquoi du fulgurant et impérissable succès de Zhu Xi, qui resurgit maintenant, après quarante ans de maoïsme. Les réponses mettent en jeu de multiples arguments. Le plus souvent retenu – au-delà de l'indéniable intérêt d'une synthèse qu'il ne fut sans doute pas le seul à opérer – relève du pratique : Zhu Xi s'est toujours intéressé à l'enseignement et a, mieux que personne, convaincu les maîtres d'utiliser des manuels conçus comme ceux des frères Cheng. L'autre argument renvoie au style : Zhu Xi stupéfiait et stupéfie toujours son monde par l'ampleur de son savoir encyclopédique, son goût de l'érudition, sa maîtrise des textes anciens. Des travaux récents rappellent qu'il était aussi un homme tourné vers certains aspects du savoir scientifique.

Zhu Xi se passionnait ainsi pour l'astronomie. Mais il considérait les astronomes comme des techniciens bornés, occupés de calculs triviaux plutôt que de cosmologie et de métaphysique. Il leur reprochait de se montrer incapables, malgré tous leurs travaux, d'établir un calendrier exact. Or, il en était sûr, il y avait un ordre dans le cosmos, et cette exactitude du calendrier pouvait exister.

Et si cette déconvenue de Zhu Xi – qui demandait assurément trop aux astronomes de son temps – marquait le début d'un terrible divorce : celui des intellectuels chinois avec les sciences – appliquées ou spéculatives –, au moment précis où l'Europe se tournait vers les « savoir-faire », où les érudits d'Occident se mettaient à scruter d'un œil neuf les pratiques des artisans ?

12

LES MONGOLS EN CHINE : LA DYNASTIE DES YUAN

Il naquit en 1167 et s'appelait Temujin, mais on le connaît davantage sous le nom que lui attribuèrent les siens en 1206 : Gengis khan, l'« Empereur des mers », ce qui signifiait l'« Empereur universel ». Pour les Européens, il incarna longtemps, avec Attila, les horreurs de la guerre. La fumée des églises russes l'enveloppe parfois encore, dans l'imagerie courante, d'un halo pestilentiel : c'est tout juste si quelques portes d'airain, majesteuses parures des iconostases les plus riches, ont pu résister au brasier et témoigner d'anciennes splendeurs dont, consciemment ou non, il fut le ravageur. Aujourd'hui pourtant, les craintes et accusations s'estompent lentement. Les biographes de Temujin, renversant la vapeur, essayent de mieux cerner l'homme, dans son époque et dans son peuple, et d'en comprendre les raisons ; les polémologues, pour leur part, scrutent la stratégie pratique de ses succès, qui secouèrent à la fois l'Occident (la première offensive en

Russie date de 1218, et Kiev sera prise après sa mort, vingt-deux ans plus tard, en 1240) et le nord-ouest de l'Inde (1224).

En contrepoint, son avancée vers l'Asie orientale paraît lente, presque interminable : les descendants de Gengis khan mettront plus de soixante ans à soumettre complètement la Chine (1279) ; quant à leurs tentatives pour venir à bout du Japon, elles se solderont par deux échecs retentissants (1274 et 1281). Ainsi, il y a des mondes – comme l'Europe féodale – qui paraissent vivre tout en armes, moralement et physiquement : paradoxalement, des conquérants déterminés y entrent comme dans du beurre. Il y en a d'autres à forte organisation civile : ceux-là peuvent résister interminablement, alors même que leur lourde machine militaire ne fonctionne pas à plein régime, faute de représenter une priorité dans la vie nationale.

Gengis khan, pourtant, s'intéressait vivement à la Chine : à peine eut-il écrasé ses rivaux, et tout juste devenu « Empereur des mers » (1206), qu'il caressait l'espoir d'en réussir la conquête. Et certes le projet s'appuyait sur de bonnes raisons car, à l'époque, il n'avait pas en face de lui un bloc monolithique, un empire unifié, mais une sorte de sous-continent que trois puissances se partageaient dans une atmosphère de paix armée à l'équilibre précaire. Les Jin installés au nord et dans la vallée du fleuve Jaune, les Song du Sud retranchés à l'abri du Yangzi et les Xi Xia (ethnie Tangut) sédentarisés dans les terres souvent ingrates des Ordos et du Gansu s'observaient, se combattaient à l'occasion et usaient largement, et réciproquement, du chantage. Sur un tel terrain, Gengis khan avait au moins un atout :

occupés à leurs rivalités traditionnelles, les groupes en présence s'intéressaient peu à lui. Il possédait, en revanche, l'avantage de bien connaître les modes de vie de deux d'entre eux, nomades comme lui, tout juste en train de se fixer : les Tangut et les groupes les plus occidentaux des Liao. Il les attaqua les premiers, en 1209, les autres en 1211 : les événements lui donnèrent raison et la victoire. Il avait enfin ouvert le fruit : restait le vrai noyau chinois.

LA CONQUÊTE DE LA CHINE

Il se mit alors à rôder comme un renard au long de la Grande Muraille. En fait, il n'en subsistait qu'une ligne souvent mythique. Depuis l'Antiquité, elle marquait surtout, dans l'esprit des politiques chinois, la démarcation entre le monde pastoral – celui des autres – et le monde horticole – celui de la Chine. Gengis khan n'eut aucun mal à contourner les fortifications imposantes qui s'élevaient encore çà et là ; il s'infiltra bientôt dans tout le nord de la Chine et contraignit sans peine le gouvernement des Jin à la fuite, jusqu'à Kaifeng, en plein milieu de la Grande Plaine. Au passage, les Mongols traversèrent Pékin, dont les Jin avaient fait leur capitale septentrionale. Les vainqueurs s'y arrêtèrent une première fois en 1213, puis une seconde en 1215 : cette fois-ci, la ville, qui avait échappé par miracle à la destruction deux ans plus tôt, fut rasée.

En Chine du Sud, non seulement personne ne s'en

souciait, mais ceux qui apprirent la nouvelle s'en réjouirent, au contraire, bruyamment. Quelle joie d'assister ainsi à l'écrasement de son pire ennemi ! D'autant plus que le triomphateur se montrait, en apparence, fort civilisé : ne le voyait-on pas tourner les talons sitôt sa besogne faite ? Qui, de fait, aurait pu entrevoir la vérité ? Si Gengis khan partait pour se lancer (1219) à la conquête du Turkestan et de l'Iran oriental, ce n'était ni dépit, ni respect d'un adversaire plus fort que lui. C'était parce que la Chine lui semblait si mûre qu'elle tomberait de toute façon dans ses mains quand il le voudrait. Les ministres des Song du Sud expliquaient pour leur part les choses autrement : à les entendre, les Mongols, gendarmes de la steppe et (futurs) tributaires loyaux, ne porteraient jamais le fer contre le fils du Ciel. Les proches de l'empereur Song décidèrent donc de conclure une alliance tacite avec ce voisin si utile et si doué pour le métier des armes (1221) et, lorsqu'il revint, cinq ans plus tard, après avoir une nouvelle fois, et définitivement, écrasé les Xi Xia (1226-1227), les Chinois du Sud s'en montrèrent très satisfaits. Leur seul regret fut que Genghis khan, sur ces entrefaites, mourut.

Son fils Ögödei – littéralement « le Généreux » – lui succéda, au terme d'une compétition prévisible (1229-1241). Il s'installa à Karakorum, dans la vallée de l'Orkhon, en Mongolie, et y fixa la capitale de son empire. De là, il se mit, comme son père l'avait fait, à supputer ses chances en Chine. La difficulté venait de ce qu'il n'avait pas une notion très claire de la géographie d'un pays aussi vaste et divers. La Chine se ramenait surtout, dans son esprit, à ces territoires du Nord et du bassin du fleuve Jaune occupés par les Jin qui, malgré leurs malheurs récents, résistaient encore avec l'énergie du désespoir. Ces derniers souffraient, cependant, d'un lourd handicap : devenus sédentaires, ils se trouvaient par là même prisonniers de leurs terres. Ögödei, lui, voyait grand et fondait sa stratégie sur le mouvement.

Aidé de son frère Tolui (littéralement « le Miroir »), il lança derechef l'une de ces manœuvres tournantes de très large envergure qui avaient si bien réussi à leur père : les Jin, comme prévu, éclatèrent, pris au piège entre deux armées mongoles, l'une arrivant par le nord-ouest et l'autre se présentant par le sud du Henan. Le général Subötei – de mémoire également sinistre en Perse et en Russie – dévasta Kaifeng (1233). Lorsqu'il apprit la fin des Jin, le gouvernement des Song du Sud exulta : enfin, une juste revanche. Et la joie fut totale quand se répandit la nouvelle du suicide du dernier empereur des Jin, dont on avait commencé à railler la fuite.

L'optimisme imprudent des Song du Sud fut cependant vite soumis à rude épreuve : trois ans durant, de 1236 à 1239, les troupes mongoles victorieuses, mais ne sachant plus où trouver leur butin, se rabattirent sur le Sichuan et le Hubei, qu'elles mirent en coupe réglée de manière si brutale et si soudaine que les Chinois n'eurent pas même l'occasion de réagir. La situation s'améliora toutefois à la mort d'Ögödei (1241) : occupés de leurs seules affaires de succession, les Mongols semblaient redevenir des voisins fréquentables. La paix dura douze ans. En 1251, Mongka, petit-fils et successeur partiel de Gengis khan, nomma son frère cadet Qubilai – littéralement « le Fortuné » – gouverneur du Henan. Personne n'y trouva à redire : les Song du Sud n'espéraient plus reconquérir la Grande Plaine et la paix, passagèrement troublée, était revenue chez eux. Quant aux paysans de Chine du Nord, ils avaient simplement changé de maîtres ; ces derniers venus inspiraient moins de craintes que les Jin, responsables de la mort tragique de l'empereur Huizong et détestés depuis des générations.

Les troubles reprirent, certes, sur les contreforts orientaux de l'Himalaya, en 1253 : traversant en catastrophe le Sichuan, les Mongols tombèrent sur le royaume tibéto-birman de Dali qui s'effondra puis, continuant sur leur lancée, ils occupèrent Hanoi en 1257. Mais tout cela se passait aux marches des territoires contrôlés par les Song du Sud et, à la capitale, personne ne semblait s'en émouvoir outre mesure, si tant est que la nouvelle y fût parvenue.

LE RÈGNE DE QUBILAI

Certains disaient, de plus, que Qubilai se préoccupait surtout de religion, de morale et de réforme de l'administration de la Chine du Nord. Il venait de faire appel (1258), pour cela, à un célèbre religieux tibétain : Phags-pa. Qubilai, en effet, ne prétendait pas changer les rouages techniques d'un système complexe, mais faire beaucoup mieux : prendre ce qu'il estimait être le mal à la racine en insufflant aux fonctionnaires un nouvel état d'esprit. Il détestait l'atmosphère mystique et individualiste qui, selon lui, obscurcissait les idées des agents de l'État, trop imprégnés, à ses yeux, de la pensée de l'école taoïste dite du Quanzhen. Il souhaitait faire souffler sur l'administration du sol chinois un grand vent bouddhique, mais un vent spécifique, qui ne devrait rien à la philosophie chinoise raisonneuse, développée depuis les Song du Nord par l'école du Principe. Il espérait tout, en revanche, du bouddhisme tel qu'il s'était épanoui au Tibet : attaché à des formules quasi magiques, il définissait et permettait de maîtriser les énergies du monde. C'était cela le vrai gouvernement.

Il y aurait eu de quoi choquer un pur lettré, si tant est qu'un tel homme ait pu percer les vues de Qubilai. Mais il y eut beaucoup plus dangereux, et plus immédiatement tangible : une inquiétude brutale saisit le gouvernement Song quand, la même année 1258, Qubilai testa de nouveau sa fameuse stratégie de la « pince », cette fois-ci aux dépens de ses « alliés » de Chine du Sud.

Qubilai ne le prit pas par quatre chemins et fonça droit devant lui, sur Wuchang (qui forme un secteur de l'actuelle ville de Wuhan), en plein cœur du bassin moyen du Yangzi, qui est aussi le cœur de la Chine. Et Mongka, lui venant en appui, ravagea une fois de plus le Sichuan : les illusions sur la fidélité des princes mongols destructeurs des Jin s'évanouissaient. Le fils du Ciel n'avait plus seulement changé de voisin, il avait aussi changé d'ennemi, et celui-ci semblait à tout jamais imperméable aux charmes de la paix. Dernier répit cependant : Mongka mourut inopinément ; la pince, privée d'une de ses branches, ne pouvait plus fonctionner et Qubilai se hâta de conclure un armistice. Puis il se replia vers le nord et réussit à se faire reconnaître grand khan (1260) par ses pairs. Sitôt sa situation réglée, il quitta Karakorum, où s'était installé Ögödei, et revint établir sa capitale à Pékin. Pour nous, aujourd'hui, le message paraît clair ; mais un Chinois de

Hangzhou, au XIIIe siècle, n'y voyait sans doute qu'un barbare de plus établi aux marches de l'Empire, au cœur d'une ville qui n'avait jamais été capitale impériale et n'avait sans doute aucune chance de le devenir.

Coïncidence : cette même année 1260, bien loin de là, les frères Polo, marchands vénitiens, quittaient Constantinople et commençaient le premier de leurs périples.

LA GLOIRE MONGOLE

Qubilai, replié sur Pékin depuis la mort de son frère Mongka, n'avait peut-être pas l'intention de s'y enfermer. Mais le sort, sous les traits de son cousin qui l'évinça du Turkestan, se chargea de l'y contraindre : interdit d'Occident, Qubilai devait maintenir son pouvoir sur la Chine contre vents et marées et malgré des luttes fratricides (1264). Peut-être est-ce là l'une des causes majeures de ses succès ultérieurs : il fallait bien qu'il prenne la Chine, voire l'ensemble des pays de la sphère chinoise – Viêtnam, Corée, Japon –, pour la bonne raison qu'il n'avait plus aucune chance de régner ailleurs.

En 1267, il fit commencer la reconstruction de Pékin, qu'il avait détruite quelques années auparavant ; il changea son nom de « capitale du Nord » (Beijing/Pékin) en Khanbaliq (la « ville du Khan ») : puisque le sort des armes et le hasard des successions l'avaient fait Chinois, il irait au bout de sa destinée. Ce qu'il ne savait sans doute pas encore, c'est à quelle forte partie il se heurtait : il ne mesurait ni le courage physique des populations qu'il voulait asservir, ni l'avance technologique de la Chine du Sud. S'il gagna pourtant, à terme, c'est qu'il était doué d'une sorte de génie, sachant au bon moment transformer de fond en comble la conception de la guerre qu'il avait héritée de ses pères et pratiquée jusque-là avec l'efficacité que l'on sait, mais d'une manière plutôt routinière.

La poudre à canon

« … Il ne semble pas qu'on trouve, hors de la Chine, dans les textes des Xe-XIIIe siècles, cette diversité de projectiles spéciaux que connaissaient les Song, surtout avec l'emploi précoce de mélanges de poudres aux propriétés variées.

Dans la plupart des documents écrits chinois, les projectiles à poudre des Song s'appelaient en général *huopao* («projectiles de feu »), mais ils se différenciaient selon le caractère de leur action.

… On trouve mention de projectiles à poudre incendiaire (boule de feu ; boule de feu à pointes ; boule de feu réglable ; épervier de feu en bambou ; épervier de feu à bec de fer) ; de projectiles explosifs à fragmentation (boule de feu tonnante) ; de projectiles à action toxique (boule de fumée ; boule de fumée empoisonnée ; pot projeté avec des excréments)… Il y eut aussi trois formules de composition de poudre pour les divers projectiles enflammés : ce sont les plus anciennes formules connues au monde. »

Sergej A. Skoljar, « L'artillerie de jet à l'époque Song », in Françoise Aubin (éd.), *Études Song*, in memoriam *Étienne Balazs*, Paris, Mouton, 1971, p. 135-137.

L'inspiration lui vint au cours de l'interminable siège de deux cités jumelles (Xiangyang et Fancheng, sur la rivière Han au Hubei). Il découvrit là, au long d'une bataille acharnée – elle dura cinq ans, de 1268 à 1273 –, trois aspects de la stratégie en lesquels les Chinois étaient maîtres par tradition multiséculaire : la guerre de siège, l'artillerie et l'utilisation militaire de la batellerie. Conscient de ses faiblesses, il tenta d'abord de débaucher des techniciens chinois, qu'il souhaitait charger de moderniser son armée. Mais il n'en trouva pas ; il en fit donc venir d'Iran que ses cousins, vainqueurs des Abbassides, tenaient depuis 1259. Union sacrée pour la conquête des grands empires ? Voire, mais une chose est sûre : Qubilai venait d'apprendre le fabuleux prix industriel de la guerre.

Le second trait de génie fut, les deux citadelles enfin tombées, de saisir la batellerie chinoise, d'y entasser son armée et de lui faire descendre le fleuve, tandis que le reste de la cavalerie suivait sur les deux berges. La suite de l'histoire relève de l'épopée et de l'horreur, avec son lot d'actes héroïques et de populations passées au fil de l'épée. Contrairement à une rumeur tenace, civils et militaires chinois se battirent comme des lions, malgré la terreur grandissante, chaque victoire mongole rendant psychologiquement plus difficile la résistance des villes menacées ensuite. Les vraies causes d'une défaite annoncée, bien qu'elle n'eût rien d'inéluctable, sont à chercher d'abord dans la nature d'une administration trop peu nombreuse, trop peu présente sur le terrain et contrebattue à la cour par des groupes de pression qui n'avaient pas d'intérêts directs dans la guerre, à moins qu'ils n'en aient eu trop dans les situations troubles. De plus, le gouvernement de la Chine du Sud, au XIIIe siècle, ne nourrissait plus les espoirs de reconquête qui avaient, un temps, dynamisé celui du XIIe. Enfin, les grands propriétaires terriens voyaient rarement au-delà des limites de leurs possessions ; aucune solidarité réelle ne les liait aux « technocrates » de Hangzhou qui restaient, à leurs yeux, un groupe d'hommes du Nord en exil – en somme des étrangers, ne comprenant rien à la vie de la Chine du Sud. Quant aux puissants négociants sur qui reposait, en dernier recours, la richesse de l'État, ils souffraient de se voir socialement si peu reconnus par des ministres courtisans, mal argentés, faiblement légitimés, mais insolents et méprisants. Des populations terrorisées d'avance, des généraux valeureux mais privés de moyens, un gouvernement qui débloque toujours trop tard les crédits pour les renforts, des propriétaires terriens soucieux avant de tout de bien maîtriser l'eau et de ne pas laisser s'effondrer les diguettes indispensables à la vie des rizières, des marchands organisant des stratégies à l'échelle continentale et non plus seulement soucieux d'équilibres régionaux : sans doute toutes les conditions étaient-elles réunies pour que se produisît un grand changement. Dans cette optique, les Mongols apparaissent aussi comme les agents d'un certain destin.

En 1276, ils prirent Hangzhou. La légende en retient la présence terrifiante d'un général mongol du nom de Baiyan. Il faut imaginer la scène dans une ville qui, protégée sur un côté par le célèbre lac de l'Ouest, sur deux autres par les bras du delta et, sur le dernier, par la mer, se croit imprenable ou presque : les heures de danger se situent à marée basse, quand la plage devient praticable. Une prophétie court, garante de la sûreté de la place : elle ne tombera qu'aux mains d'un terrible et improbable général « qui a cent yeux » – autant dire jamais, c'est pourquoi les Song du Sud y ont installé le gouvernement.

Mais les temps sont néfastes. Un empereur-enfant règne et sa mère exerce la régence : situation funeste en de telles circonstances ; une situation qui traduit bien, par ailleurs, les incertitudes d'une cour où s'affrontent des factions qui ne souhaitent pas confier le pouvoir à un adulte. Les Mongols campent devant les murs ; la marée, inexorablement, descend : il va falloir tenir pendant six heures, en attendant que le flux oblige l'ennemi à se replier. La régente consulte les oracles, ses conseillers et ses informateurs. Confiante dans la prophétie, elle s'enquiert du nom du général ennemi. On lui répond : « Baiyan », ce qui, en chinois mandarin, est homophone de « cent yeux ». Le nom mongol n'a rien à voir avec Argus, mais la régente ne le sait pas. Elle perd la tête et, fataliste, donne l'ordre d'ouvrir les portes de la ville. Les Mongols lui en savent gré : s'ils l'emmènent prisonnière, avec son fils l'empereur-enfant, ils la traitent bien. Une bonne partie de la famille impériale, en revanche, et les ministres, comme en 1125, tentent de fuir. En quelques heures, tout ce qui reste du pouvoir impérial et du gouvernement chinois vogue sur la mer.

Que pouvaient-ils espérer ? Beaucoup plus que la dure réalité ne leur a accordé par la suite. Le défi aurait eu quelque chance de succès si la Chine avait développé les formes de thalassocratie que l'excellente qualité de sa flotte – sans doute l'une des meilleures du monde à l'époque – pouvait lui assurer dans les mers du Sud. Le drame vint de ce que, tout en tirant d'amples moissons du grand commerce international, les administrateurs Song étaient toujours restés des terriens. La Chine, c'était la terre, fécondée par la vie côtière, comme aujourd'hui. Un gouvernement sur des navires n'avait aucune chance de survie. Aucun port chinois, d'ailleurs, ne pouvait les abriter : les Mongols, à coups de péniches et de galops de chevaux, précédaient presque toujours leur arrivée. Fuite éperdue, provisions faites à la hâte grâce à des loyalistes en grand danger : la mort guette partout la dynastie. Celle-ci, de plus, paye durement son arrogance passée : le mépris en lequel elle avait tenu longtemps des groupes étrangers influents, comme la communauté musulmane de Quanzhou, par exemple, joue contre elle, en un moment crucial. Les Arabes installés en Chine, depuis plusieurs siècles parfois, rallient sans déplaisir les nouveaux maîtres, jugés ni meilleurs, sans doute, mais certainement pas pires que les Chinois.

UN HOMME D'AFFAIRES NOMMÉ PU SHOUGENG

Ainsi va l'histoire de Pu Shougeng. Il appartenait à cette catégorie de marchands arabes qui, soumis à la fois au rythme des moussons et aux caprices des douaniers chinois, avaient fini par s'installer complètement sur les côtes du Fujian et du Guangdong et n'en étaient jamais repartis. Au fil des années, ils avaient fait venir leurs familles et, tout en gardant leur mode de vie comme leur religion – l'islam –, étaient devenus, ainsi que leurs enfants, d'excellents sujets du fils du Ciel. La famille Pu avait même si bonne réputation qu'en 1245 et 1246 les Song du Sud avaient confié à Pu Shougeng une charge de grande confiance et responsabilité : celle de commissaire aux bateaux marchands. Plus tard, revenu à Quanzhou, Pu Shougeng s'était donné sans compter à sa ville, se servant bien au passage sans doute, mais faisant, entre autres, restaurer complètement et à ses frais personnels les murailles de la cité. Pourtant, l'aristocratie Song ne lui en montra aucune reconnaissance. Peu à peu, au contraire, elle se fit mordante et, quand la fin de la dynastie parut manifeste, exprima une xénophobie féroce : les marchands musulmans devenaient les boucs émissaires des malheurs du temps. Pu Shougeng et sa famille, humiliés, ne pardonnèrent jamais : dès que l'occasion s'en présenta, ils se mirent, sans regret, au service des Mongols.

L'année 1277 vit tomber Canton. Pour l'honneur, un dernier petit empereur Song, âgé de huit ans, résistait toujours sur mer, entouré de la cour, menée par le fidèle ministre Zhang Shijie. Mais un jour, la flotte mongole éperonna le navire impérial devant les falaises de Yaishan, non loin de Canton. Tout était dit : l'empereur-enfant, ses fidèles et Zhang Shijie se jetèrent à l'eau et s'y laissèrent couler. Pour la première fois, un conquérant étranger avait pris la Chine entière. Qubilai se sentait investi du mandat du Ciel et fondait la dynastie des Yuan (1279).

LA DYNASTIE DES YUAN

L'événement, malgré son importance en son temps, pourrait aujourd'hui, reporté à l'histoire du monde, passer pour banal. Deux raisons, au moins, lui donnent pourtant un poids que d'autres conquêtes n'ont jamais eu. L'une tient au choc psychologique que la victoire mongole fit subir à la classe lettrée chinoise, gardienne de la mémoire nationale et chantre de l'histoire impériale qui la légitimait. Les contrecoups de ce choc-là sont encore perceptibles dans l'actuelle politique du gouvernement de Pékin vis-à-vis de la « minorité » mongole. Que des couches de la population chinoise autres que les lettrés aient eu une attitude différente à l'égard des conquérants ne change rien à l'affaire. L'autre raison réside dans l'antinomie de fait partageant vainqueurs et vaincus. Le bouleversement culturel des premiers, face à une extraordinaire machine économique et administrative dont ils ignoraient le fonctionnement, suggère une « étude de cas » passionnante.

Il existe enfin une troisième raison à l'intérêt universel que suscite la victoire de Qubilai : les Mongols furent les premiers souverains de Chine avec qui un monarque européen – Philippe le Bel – entra en relations. Encore convient-il de donner les précisions nécessaires. Quand Rabban Cauma se présenta à Paris, en 1287, porteur d'une lettre émanant d'un prince mongol, il était envoyé par le khan de Perse, Arghoun, et non par Qubilai. Mais les princes chrétiens, ecclésiastiques ou laïcs, se réjouirent tant de trouver un allié capable de prendre à revers les musulmans, et l'Orient constituait par ailleurs à leurs yeux une entité si vague, qu'ils englobèrent d'enthousiasme tous les pays situés à l'est de la Méditerranée. Encore quelques années et la lettre d'Arghoun se plaqua sans difficulté sur les récits de Marco Polo, qui disait être resté au service de Qubilai de 1275 à 1291 : les merveilles du monde appartenaient aux Mongols, alliés des chrétiens d'Occident. Que les Russes, orthodoxes, aient souffert, au point que le souvenir en hante toujours la mémoire collective, ne pouvait émouvoir qu'à moitié des catholiques romains. Quant aux incursions mongoles en Bohême, en Hongrie, en Autriche, en Serbie, en Dalmatie (1241-1242) et jusqu'en Pologne (1240), elles semblaient être restées sans lendemain et remontaient à presque un demi-siècle – environ deux générations : une sorte de Déluge.

Pendant ce temps, Qubilai continuait sur sa lancée, selon les deux axes qui avaient dirigé toute son action : conquête et bouddhisation. L'année 1281 le vit agir dans tous les sens : contre le Japon (ce fut un échec définitif) ; contre les moines taoïstes, chargés une nouvelle fois de tous les péchés de Chine, contraints d'abandonner un certain nombre de leurs couvents pour y laisser s'installer des communautés bouddhiques ; et en faveur d'un resserrement des liens entre Chine et Tibet : un expédition fut envoyée sur les flancs de l'Himalaya à la recherche des sources du fleuve Jaune – la Grande Plaine chinoise irriguée par des eaux tibétaines : le symbole parlait fort au cœur de l'homme qui aimait tant Phags-pa, décédé quelques mois auparavant (1280).

Au fil des années, la guerre, toujours elle, prit le dessus, avec des fortunes diverses et globalement négatives : au Tonkin et au Champa (1283-1287), à Java (1293). Quelques mois plus tard, Qubilai rendit l'âme (1294). Son temps était passé ; il n'était plus l'homme de la situation.

TEMUR

Temur lui succéda. Son règne plutôt court (1294-1307) a de quoi surprendre : qui aurait cru qu'un prince mongol allait imposer en grande pompe, à tous et partout, le culte de Confucius (1295) ? Étaient-ce les leçons des conseillers étrangers, nombreux dans l'entourage de Qubilai, qui trouvaient enfin, une génération plus tard, une oreille attentive ? Parmi eux étaient passés les personnages les plus divers, comme les frères Polo et leur neveu Marco (dont aucune source chinoise n'a gardé une trace claire), mais surtout beaucoup d'hommes issus des marches de la Chine : Shaloba (1259-1314), Tangut du royaume des Xi Xia devenu un moine bouddhiste respecté, Phags-pa, bien sûr, mais aussi Tanba, autre moine tibétain, et enfin le plus célèbre de tous : Yelü Chucai.

Yelü Chucai appartenait à l'ethnie turco-mongole des Qidan. De haute naissance, il descendait de l'ancienne famille régnante des Liao, que les Jin avaient balayée en 1125 – des drames en fait bien lointains. Yelü Chucai avait occupé apparemment sans états d'âme des charges importantes chez les vainqueurs de ses ancêtres, avant de se retrouver d'abord aux côtés de Gengis khan, juste avant la mort de ce dernier (1227), puis auprès d'Ögödei, après la prise de Kaifeng (1233) et la fin complète des Jin (1234). Les légendes, bien sûr, s'emparèrent très tôt d'un tel individu que sa stature et sa sagesse semblaient protéger des accusations perfides comme des pires catastrophes. Habillées d'oripeaux divers selon les circonstances, elles illustrent et exploitent à tout-va le contraste romantique opposant la force centaurine du conquérant à l'impavide grandeur de celui qui sait. Le thème récurrent met en scène un chef gengiskhanide s'empressant de détruire les plus belles cités pour rendre aux pâturages la terre qu'elles occupent. Mais au dernier moment, Yelü Chucai arrête le bras destructeur et révèle au bouillant nomade les beautés de la civilisation urbaine. En un mot, Yelü Chucai aurait appris aux Mongols à quoi servait une ville – concept dont, au début de leur épopée, ils auraient tout ignoré. Que le grand homme ait été un Qidan et non un Chinois Han importe aussi beaucoup : les lettrés ont longtemps fait de lui le symbole de l'heureuse « sinisation » des ethnies vivant aux marches de l'Empire. L'image garde aujourd'hui toute sa force : elle appuie les discours sur l'intégration des peuples de la périphérie et souligne, en contrepoint, la valeur universelle du modèle civilisateur chinois.

Que Temur favorise le confucianisme, d'essence éminemment sociale et urbaine, représentait donc une évolution remarquable, propre à remettre en cause le schéma bien connu selon lequel les Mongols n'ont rien compris à la Chine et l'ont écrasée en lui imposant des choix sociaux contraires à ses traditions.

Il était peu vraisemblable, à vrai dire, que les Mongols aient jamais pu, à l'origine, être sensibles aux mêmes priorités que les Chinois. Et puisqu'ils devaient, dans l'Empire nouvellement conquis, constituer « quatre classes », car l'usage local chinois le voulait ainsi, celles-ci se réorganisèrent en fonction de critères qui n'étaient pas ceux des Han. Une logique issue de la conquête supplanta celle qui s'était instituée peu à peu à partir des fonctions civiles. Les Mongols – eux-mêmes hiérarchisés selon leur appartenance clanique ou régionale – se situèrent au sommet de l'échelle, prenant la position enviable tenue en Chine traditionnelle par la classe lettrée. Les peuples de l'Asie centrale, ralliés depuis longtemps (par exemple les Qidan comme Yelü Chucai), eurent l'honneur d'être placés immédiatement au-dessous. On leur adjoignit les étrangers : les Mongols disaient d'eux qu'ils étaient des « hommes aux yeux de couleur » (*simuren* en chinois) – polyglottes, voyageurs, hommes d'entregent, connaissant bien le vaste monde, ils rendaient des services inestimables. Puis venaient les Chinois du Nord, acceptés en troisième position car, frottés de culture de la steppe depuis longtemps, par l'intermédiaire de leurs maîtres de la dynastie des Jin, ils s'étaient soumis sans trop résister. Enfin, tout en bas de l'échelle sociale, en cette quatrième position jadis occupée par les marchands, grouillait la masse innombrable des Chinois du Sud, à l'exception de ceux qui s'étaient officiellement ralliés. Les Mongols ne leur pardonnèrent jamais leur très longue résistance, quel qu'ait été le désir de « collaboration » d'un bon nombre d'entre eux, notamment chez les grands propriétaires fonciers.

Ce cadre une fois posé, et respecté, Temur sut pourtant y échapper à l'occasion. Il lui arriva même de défendre les négociants chinois contre la cupidité des prêteurs arabes : ces créanciers issus des guildes musulmanes, follement enrichies par le commerce entre la Chine et le Moyen-Orient, prêtaient de l'argent aux Chinois en faisant monter indûment des taux déjà largement usuraires dans leur état normal.

L'espoir d'équilibre que recherchait Temur, pourtant, mourut avec lui (1307). D'ailleurs, les éléments ne semblaient pas favorables : en 1303, déjà, un tremblement de terre avait fait des milliers de victimes au Shanxi ; le drame recommença au Gansu en 1306. Et les digues du fleuve Jaune menaçaient de rompre ; il fallut lever des dizaines de milliers d'hommes pour les réparer.

LES DIFFICULTÉS S'ACCUMULENT

En Chine du Sud, les lettrés, du moins ceux qui avaient refusé toute forme de collaboration, se terraient dans leurs propriétés, officiellement humiliés et devenus *gentlemen-farmers*, faute de mieux. C'est sans doute à ce moment qu'ils prirent le goût de la terre et commencèrent à y investir systématiquement leurs économies : un comportement qui finira par devenir habituel et gênera beaucoup, à long terme, le développement de la proto-industrie chinoise. En 1315, l'empereur Renzong tenta bien de rétablir le système des examens. Mais cette réforme, intéressante, eut très peu d'impact sur le recrutement administratif et ne put donc rendre aux lettrés leur rôle social perdu.

Les paysans, de leur côté, d'autant plus surveillés que leurs maîtres étaient moins occupés ailleurs, recommencèrent à rêver d'une société plus juste et gonflèrent les rangs des vieilles associations. Ainsi la paysannerie tremblait, faisait le dos rond et cherchait l'espoir dans les sociétés secrètes. La plus vivante était celle du Lotus blanc, créée en 1133, juste après la débâcle des Song du Nord, et interdite en 1308, mais toujours renaissante, puisque ainsi le voulait sa nature : rester secrète et échapper aux interdictions.

C'était un fleuron de la doctrine des « trois religions », très populaire depuis l'an 1000 : un synchrétisme où s'entre-mêlaient règles de vie et espoirs empruntés à la fois au confucianisme, au taoïsme et au bouddhisme, dans leurs versions simples. La magie y primait souvent toute autre forme de raisonnement ; mais le goût et la fraternité du secret partagé finirent par lier les membres de la secte à la fois contre les riches et les envahisseurs, toutes revendications sociales et luttes nationales confondues.

Les Yuan interdirent le Lotus blanc une nouvelle fois en 1322. Peine perdue : des jacqueries secouèrent les campagnes en 1325. Pauvres révoltes de la misère, où le sentiment antimongol, à l'origine, n'était pas dominant : quel paysan, penché derrière son buffle, se souciait de savoir en qui s'incarnait le pouvoir ? Mais que certains maîtres des grands domaines, comme en Chine du Sud, personnages redoutés et parfois haïs, fassent ouvertement cause commune avec les Yuan, et le processus de fin dynastique pourrait s'enclancher.

Une génération plus tard, les éléments, à nouveau, s'en mêlèrent. Le fleuve Jaune rompit ses digues, au Shandong, une fois de plus (1351), comme en 1327, comme en 1344. L'État leva d'urgence un énorme contingent pour parer au plus pressé. Les paysans, que la catastrophe avait déjà ruinés et chassés de chez eux, se révoltèrent, tandis que ceux des provinces voisines refusaient d'aller affronter le déferlement des eaux. Un peu partout, les surgeons locaux de la secte du Lotus blanc orchestrèrent peu à peu la rébellion latente. Les orateurs populaires commencèrent à clamer la fin imminente du pouvoir chancelant et usurpateur des Yuan. Maitreya, le Bouddha de l'Avenir, image lumineuse de bonté et d'apaisement, se levait sur le monde. D'un terroir à l'autre, les adorateurs du Lotus se reconnaissaient à la couleur de leur turban : un linge ordinaire, simple torchon comme celui qui ceint traditionnellement le front des travailleurs de force, mais cette fois-ci un « turban rouge » (*hongjin*).

Du Shandong, la révolte gagna sans peine le delta du Yangzi. Puis un brasier social s'alluma à Canton, tandis qu'un meneur – parmi beaucoup d'autres –, Guo Zixing, et son lieutenant (qui était aussi son gendre depuis 1355), Zhu Yuanzhang, sillonnaient le Jiangnan pour appeler au soulèvement libérateur. En 1356, Zhu Yuanzhang prit Nankin, position symbolique et stratégique de première importance, verrou d'où l'on tient à la fois le Nord et le Sud. C'est là que se joua son sort, là qu'il établit un gouvernement insurrectionnel. La rébellion des pauvres et des illuminés pouvait changer de nature et devenir révolte de fin de dynastie, pas même un siècle après qu'Ögödei eut pris le pouvoir et moins de quatre-vingts ans après que le petit empereur Song se fut enfoncé dans les eaux chaudes, au large de Canton.

REGARDS ÉLOIGNÉS

À l'étranger, les Yuan continuèrent à susciter sans fin des sentiments contrastés. René Grousset, il y a un demi-siècle, les voyait tout en rose : champions du christianisme qu'ils avaient favorisé, comme ils privilégiaient par principe toutes les religions et faits culturels étrangers. Le savant allemand (américain d'origine allemande)

Wolfram Eberhard, écrivant à la même époque, mais nourri de la pensée des lettrés chinois, les accusait au contraire de la pire barbarie : prenant les Song comme un modèle d'État idéal, il faisait des Mongols les fossoyeurs de la Chine telle qu'elle devait être et telle qu'elle ne fut plus jamais par la suite. Les historiens contemporains, attentifs aux jeux sociologiques, considèrent avec une passion renouvelée cette période difficile où se superposent les courbes de deux montées et de deux effondrements successifs : celui d'un empire bureaucratique et marchand, puis celui d'un mouvement de conquête à l'arraché.

Certaines ouvertures récentes du champ de l'histoire suggèrent de nouvelles questions : sur la place des femmes, par exemple, et l'évolution du droit chinois soumis une nouvelle fois, en ce XIVe siècle, à l'influence de coutumes propres à des sociétés nomades. Ainsi, il n'est plus possible aujourd'hui de limiter, comme on le faisait parfois, l'histoire des Yuan à celle de la conquête de la Chine par les Mongols, ni d'opposer en couleurs franches l'incompétence des uns à la sagesse des autres. Il ne reste qu'une seule certitude : la souffrance engendrée par des guerres dont la vision anthropologique ne doit pas non plus gommer exagérément le souvenir.

Les vainqueurs au bout du compte ? Sans doute ceux qui, fuyant les idéologies politiques et les fidélités féodales primaires, se sont lancés aventureusement à la découverte des mondes que ces drames avaient au moins le mérite de relier impérieusement : les voyageurs et les marchands. Mais il fallut attendre le XXe siècle pour trouver leurs historiographes.

13

LE RETOUR DE LA CHINE AUX CHINOIS : LA DYNASTIE DES MING

L'EMPEREUR HONGWU

Taizu, le « Grand Ancêtre » : le premier empereur des Ming le devint après sa mort, comme tous les autres fondateurs d'une nouvelle dynastie – la tradition leur accordait ce nom posthume que chacun devait, dès lors, utiliser pour marquer sa déférence. Cependant la liste commençait à devenir longue, et les confusions courantes. Aussi les historiens chinois prirent-ils l'habitude de dénommer le créateur des Ming plutôt par l'intitulé de l'ère correspondant à son règne. Pour tous, il devint donc dès lors Hongwu, et cette pratique fit d'autant plus école pour ses successeurs que le personnage occupe une place à la fois importante et singulière dans la longue série des héros chinois.

Il ne ressemblait à personne, et le sort ne l'avait pas épargné : son étonnant portrait, unique en son genre dans la tradition chinoise, reproduit en petits cercles fins et incisifs les marques laissées sur son visage par la variole. Les physiognomonistes y lisent toujours la marque infaillible et indélébile d'un grand destin : celui de Zhu Yuanzhang, un trompe-la-mort.

Il était le fils d'un ouvrier agricole de l'Anhui, province plutôt pauvre, entre fleuve Jaune et Yangzi, en cette région où se marque traditionnellement la partition entre Chine du Nord et Chine du Sud. À terre ingrate, vie dure en proportion. Mais le jeune garçon, heureusement pour lui, jouissait d'une bonne constitution : elle lui permit, disent ses hagiographes – mais la réalité ressemble souvent aux légendes sinistres –, de survivre à l'épidémie de peste (d'autres parlent de famine, et les deux ne sont pas contradictoires) qui emporta toute sa famille, l'année de ses dix-sept ans Ne sachant où aller, il se fit moine pour assurer sa subsistance, fût-elle bien chiche.

Dur au travail et à l'inconfort, certes, mais adolescent et inculte, il avait peu de chances de se plaire dans un monastère, et encore moins de s'y tailler une situation enviable. Dès qu'il entendit parler de révolte, il rallia d'enthousiasme Guo Zixing et sa bande ; au monastère, la fuite de l'étrange moinillon n'étonna personne.

Zhu Yuanzhang avait bien choisi sa voie. Comme on sait, il se montra si bon compagnon qu'il ne tarda pas à épouser la fille de son chef (1355) ; puis, lorsque la mort emporta ce dernier, il lui succéda. Cet avancement rapide peut surprendre ; du moins prouve-t-il que le jeune homme savait s'imposer. De sa vie conventuelle, promptement abandonnée, il gardait une certaine disposition d'esprit : une réceptivité nouvellement acquise à des formes simples de spiritualité ainsi qu'aux messages messianiques. Peut-être cette teinture religieuse avait-elle même ranimé dans son cœur le souvenir de sa mère, fille d'un chaman. Force physique, talent militaire et intérêt pour la magie : Zhu Yuanzhang, finalement, n'était pas si démuni qu'il le paraissait.

Son ascension, comme on peut l'imaginer, ne se fit pas sans difficulté, ni rivalités féroces. Mais, en 1363, il se trouvait maître, de fait, de tous les territoires du Jiangnan, entrés en sécession. En 1364, il se proclama roi de Wu et la situation redevint alors ce qu'elle était cent ans plus tôt : les Mongols régnaient au nord et la Chine du Sud constituait une sorte de zone libre. L'œuvre conquérante de Qubilai se trouvait anéantie et les Mongols voyaient maintenant grandir en face d'eux une puissance, anarchique en apparence, mais redoutable : non plus des lettrés et des grands propriétaires terriens pacifistes dans l'âme, mais des régiments entiers de paysans. Constitués en armée, ils espéraient de la reconquête ce que jamais la société chinoise ne leur accorderait dans son fonctionnement normal : du butin, des promesses de richesses en quantité et diverses formes de pouvoir. Pour ces gens-là, la révolution était bien réelle, là, à leur portée. Que leurs adversaires fussent des Mongols ne pouvait par ailleurs que leur rallier des partisans : des hommes issus de classes sociales supérieures qui, dans d'autres circonstances, ne leur auraient témoigné que du mépris et auraient cherché à les écraser.

En 1368, Zhu Yuanzhang prit Pékin et se fit proclamer empereur. Il n'aurait sans doute pas aimé que cela fût dit, mais les circonstances l'aidaient : l'heure des grands conquérants venus d'ailleurs était au reflux. En Asie centrale, Timūr (Tamerlan) poursuivait ses conquêtes (depuis 1365) et la Chine ne semblait pas l'intéresser. Les Mongols disparurent, beaucoup plus vite qu'ils n'étaient venus, aspirés comme l'eau par la poussière des confins montagneux du nord-ouest. L'empire du Milieu se retrouva, après quatre-vingt-neuf ans – trois générations – d'une occupation étrangère mouvementée, entre des mains chinoises. Il faut bien reconnaître cependant que celles-ci n'étaient pas forcément du goût de tout le monde.

Zhu Yuanzhang – qu'il est plus commode d'appeler dès lors Hongwu – ne pouvait éluder un certain nombre de contradictions. Les deux principales touchaient, l'une à ses compagnons de route, l'autre aux lettrés. Hongwu régla la première en fonction des critères de la *realpolitik*. Jour après jour, tous ces hommes, toutes ces fraternités plus ou moins secrètes qui s'étaient ralliées à lui et lui avaient assuré la victoire, réclamaient maintenant leur part du succès. Il n'y avait que deux solutions : leur accorder ce qu'ils demandaient, ou se débarrasser d'eux. Sans doute faut-il verser au crédit politique de Hongwu le fait qu'il choisit plutôt la seconde solution. La haine le portait qui, pour une fois, fut bonne conseillère : nombre des groupes qui s'étaient montrés les plus efficaces contre les Mongols soutenaient en fait un autre candidat au trône. Hongwu, on s'en doute, ne leur pardonna pas : une fois de plus, et comme sous les Yuan, les sociétés secrètes du Lotus blanc et du Nuage blanc se retrouvèrent hors la loi (1370).

Les lettrés posaient un problème plus difficile. Ils incarnaient en principe l'essence même de la nation. Hongwu, pour sa part, leur reprochait – parfois avec quelque apparence de raison – de s'être laissé trop facilement mettre de côté par les Mongols et dénonçait volontiers chez eux un esprit « collaborateur » bien vivant. Désireux de respecter la tradition, il fit néanmoins des efforts louables pour s'attirer leurs bonnes grâces vacillantes.

Son premier geste d'empereur fut ainsi de revenir à Nankin vénérer la tablette de Confucius, tandis qu'une délégation, dépêchée à Qufu, au Shandong, allait s'incliner devant la tombe du sage et lui annoncer la bonne nouvelle. Et, pour bien montrer combien il respectait les usages, Hongwu ordonna (1369) que l'on rédigeât l'*Histoire des Yuan* : c'était une manière habile de déclarer la dynastie mongole définitivement défunte, tout en rendant aux lettrés l'un de leurs rôles essentiels – ce sont eux les gardiens de l'histoire nationale. Puis, l'année suivante, il rétablit les examens triennaux (1370) – en fait, ce qu'il pouvait rester d'un système qui n'avait vraiment fonctionné qu'au XIe siècle, malgré quelques tentatives avortées aux XIIIe et XIVe. Ensuite, il restaura les anciens titres de noblesse et, en 1373, proclama le nouveau code des Ming, largement inspiré du vénérable code des Tang. Enfin, en 1374, il fit construire à Qufu l'élégant et paisible temple de Confucius, qui existe encore. Vit-on jamais souverain mieux intentionné ? Il ne comprit pas pourquoi on lui reprochait d'avoir, dans le même temps, fait couper en deux (1373) le lettré Gaoqi qui, conformément à une tradition de remontrance constructive et morale réclamée de tous temps par les lettrés, s'était permis d'écrire des poésies où l'on sentait poindre quelques réticences.

VRAIS ET FAUX COMPLOTS

Les drames, développés dans un climat de haine inexpiable, qui opposèrent Hongwu à ces deux forces redoutables que représentaient ses anciens amis et les lettrés prirent un tour décisif en 1380, lorsqu'il laissa éclater sa fureur contre Hu Weiyong. Hu Weiyong était le chef d'un clan qui avait amplement aidé Hongwu dans son ascension et, en juste retour des choses, jouait dans l'État un rôle que l'empereur commençait à trouver abusif. Le faisant passer pour dangereux, l'accusant de collusion avec des partis étrangers, mongols et japonais, Hongwu lança un énorme procès qui mit en cause quinze mille personnes et aboutit, comme il l'avait prévu, à la condamnation et l'exécution de l'intéressé. L'empereur saisit aussi ce prétexte pour supprimer le premier des rouages de l'État, le Grand Secrétariat impérial, ce qui était une manière de renforcer son pouvoir en plaçant les six ministères sous son contrôle personnel direct. Cela ne s'était jamais fait et engageait une révolution : l'empereur eut, dès cet instant, un poids d'intervention et d'action tout à fait opposé au rôle « en creux » qui avait été, en principe, celui du souverain depuis les premiers siècles de l'Empire.

Les temps changeaient à coup sûr. On en revenait, aussi, aux pires pratiques des époques troublées. Hongwu, hanté par l'angoisse des complots déjoués et de ceux qui ne le seraient pas, semblait craindre d'innombrables menaces. Pour garantir sa sécurité, il créa une société de compagnons fidèles qui ferait écran entre lui et les autres : une nouvelle noblesse de « princes » de son sang qu'il apanagea (1390-1391), contre tous les usages de la fonction publique tels que les percevaient tant les légistes que les confucéens. Il ne s'en croyait pas moins toujours traqué, et les têtes tombaient. En 1393, toute une partie de la bonne société de Nankin perdit la vie sous inculpation de complot. Et même cela ne suffit pas. En

1396, Hongwu mit en cause le dernier personnage de l'État qui pouvait s'opposer à lui, puisque telle était officiellement sa fonction, garante de l'équité du gouvernement : ainsi, le censeur Wang Puo dut se suicider pour avoir osé, comme sa charge lui en faisait l'obligation, présenter à l'empereur ses remarques contradictoires.

Et pourtant, l'année précédente (1395), le même Hongwu, en bon père de famille, s'était appliqué à rédiger une exhortation morale en six points. La sagesse impériale s'y exprimait d'une manière jugée si lumineuse que, deux cent cinquante ans plus tard, les fondateurs de la dynastie suivante, celle des Qing, en reprirent les termes, ramenés à six obligations : 1. Respecter la piété filiale ; 2. Respecter ses supérieurs ; 3. Vivre en harmonie avec ses voisins ; 4. Éduquer ses enfants ; 5. Se montrer content de son sort ; 6. Ne rien faire de mal. Qui aurait pu trouver à y redire ?

LE VER EST DANS LE FRUIT

Mais il eut beau faire, le subtil équilibre, et même les joutes sans merci entre conservateurs et réformateurs qui avaient tant animé la vie politique sous les Song du Nord, n'étaient plus de mise, pas plus que les jeux complexes des *lobbies* sous les Song du Sud. Était-ce un effet lointain de la domination mongole ? Hongwu ne put jamais se rallier en profondeur les lettrés qui restèrent toujours, même avec une déférence affichée, sur leur quant-à-soi. Il ne lui resta plus qu'à chercher appui auprès de ses amis des heures héroïques, les moines bouddhistes. Mais les taoïstes s'en trouvèrent menacés d'autant. Le génie de Hongwu fut de trouver un point de relative stabilité au sein de tous ces déséquilibres. Mais pour qui donc travaillaient ces empereurs dont, par référence à des croyances mystiques populaires, le nom dynastique signifiait la « Lumière » ? Pour qui donc brillait cette lumière-là ?

Pas pour les lettrés : sous Hongwu, ils payèrent assurément un lourd tribut du sang. Pour les paysans, les simples artisans, les petits commerçants ? La vie leur restait dure, comme d'habitude, n'étaient ceux auxquels la révolution avait permis une ascension sociale inespérée, mais non trop voyante pour qu'elle ne fût pas jugée dangereuse. Les grands marchands, enfin, risquaient fort l'accusation de collaboration, à moins que leurs finances n'alimentent largement celles de l'État, les rendant ainsi indispensables. Hongwu faisait peur, et cette peur assurait son règne.

Il serait injuste, pourtant, de ne pas lui accorder quelques circonstances atténuantes : l'éventualité d'un danger mongol restait bien réelle, et nul brillant stratège n'aurait pu assurer, alors, que le repli mongol était définitif. Hongwu s'en montrait même si peu persuadé qu'il crut devoir lancer deux campagnes de poursuite et de nettoyage des frontières : l'une en haute Mongolie (1372), l'autre, seize ans plus tard (1388), dans le Gobi oriental. Contrairement aux poncifs d'une imagerie populaire chinoise revivifiée aujourd'hui par les guides touristiques, les Mongols ne désarmèrent pas et ne renoncèrent pas à leur conquête avant longtemps ; et, s'ils ne lancèrent, en fait, plus jamais d'opérations d'envergure, ils surent toujours montrer un talent particulier pour créer, au bon moment, d'incroyables désordres aux conséquences passablement désastreuses pour les Ming.

UN EMPIRE EN VOIE D'ÉCLATEMENT ?

Il n'était pas exclu non plus que l'Empire se disloque : à l'instant précis où Hongwu s'engageait en Mongolie (1372), les minorités aborigènes des provinces du Sud (Guizhou, Guangxi, Guangdong) prenaient les armes contre les Chinois, qu'ils accusaient de dévaster leurs forêts. C'était effectivement l'époque où l'empereur lançait de grandes campagnes de constructions somptuaires, afin de doter son nouveau pouvoir de tous les attributs nécessaires : ces élégantes bâtisses administratives et cultuelles demandaient des quantités énormes d'un bois d'œuvre de qualité que l'on ne trouvait pas, ou plus, dans les provinces centrales.

Lorsque Hongwu mourut, en 1398, peu de ses sujets, proches ou lointains, le pleurèrent. Mais la question n'entrait pas en ligne de compte, pas plus que ne pesait dès lors l'avis des moralistes et des censeurs. Quelque chose avait déjà changé dans la nature du pouvoir : il tendait vers l'absolutisme.

PÉKIN CAPITALE : UN CHANGEMENT D'AXE

Le successeur de Hongwu, l'un de ses petits-fils, Jianwen, ne régna que trois ans (1399-1402), mais il eut le temps de suggérer un changement notoire : que l'on donnât un nouvel axe à l'Empire.

L'ancien suivait le fleuve Jaune, les deux capitales (Chang'an à l'ouest et Luoyang à l'est) se faisant contrepoids, comme les deux plateaux d'une balance. Jianwen commença d'inverser la donne : l'axe de l'Empire serait maintenant nord-sud, entre Pékin et Nankin, comme les deux pointes de l'aiguille d'une boussole.

La boussole

« La première mention de l'application de la boussole à la navigation se trouve dans le *Ping shu ketan*, ouvrage composé sous les Song, dans les premières années du XIIe siècle, par Zhu Yu, originaire de Huzhou, dans le Zhejiang... Son père était gouverneur de Canton... ; il raconte ce qui s'y passait quand son père y séjournait (1101-1103 ?) : "Par temps clair, le capitaine se rend compte de la position du navire, la nuit en regardant les étoiles, le jour d'après le soleil ; par temps couvert, il regarde l'aiguille qui montre le Sud. En haute mer, il ne tombe pas de pluie ; s'il pleut, c'est que la terre est proche." »

Li Shuhua, « Première mention de l'application de la boussole à la navigation », in *Oriens extremus*, 1, 1954, 1, p. 6-7.

Il traduisait ainsi, sur le plan administratif, une réalité économique évidente depuis les Song : la prospérité de la Chine du Nord dépendait trop des apports de la Chine du Sud pour qu'il soit possible de dissocier les deux ; régner seulement sur le fleuve Jaune revenait à gérer la pénurie.

Les Mongols, conscients ou non des énormes enjeux matériels qui entraient en ligne de compte, avaient été les premiers à appliquer ouvertement cette politique.

Les arguments parlant en faveur du choix de Pékin pour capitale, cependant, traduisaient aussi les inconvénients d'une fixation en un tel site, dont l'avantage, mais aussi le défaut majeur, était sa situation si loin du centre géographique de l'Empire. Il fallut un bon quart de siècle pour que Pékin gagnât définitivement ses galons. Un principe, cependant, demeurait et finit par faire pencher la balance : la capitale devait étaler sa grandeur aux yeux d'un voisinage d'où venaient tous les dangers. Tel avait été autrefois le rôle de Chang'an, au carrefour des routes menant vers l'Asie centrale, le Tibet et même – à travers le Sichuan – le Yunnan et la Birmanie. Au début du XVe siècle, c'était au nord que se situait la menace. En 1409, Yongle, un autre petit-fils de Hongwu, trancha : il choisit définitivement, et exclusivement, Pékin pour capitale.

L'EMPEREUR YONGLE

Deux raisons – au moins – plus personnelles vinrent orienter aussi sa décision. La première est qu'il eut beaucoup de mal à se faire reconnaître comme héritier présomptif, la seconde qu'il n'enleva, à la mort de son grand-père, le titre d'empereur que par la force, et dans les cendres de Nankin mise à feu et à sang (1403) pour détruire ses compétiteurs et prouver sa détermination. Les événements prirent même un temps une tournure catastrophique : les Mongols, que galvanisaient les conquêtes de Tamerlan, regardaient avec intérêt leurs vainqueurs d'hier s'entre-tuer et commençaient à croire que la chance leur souriait à nouveau. Mais Tamerlan mourut (1405 ou 1406) et, son empire aussitôt disloqué, l'Asie centrale redevint aux yeux des Chinois, comme deux cents ans plus tôt, une zone presque vide d'habitants : aucun pouvoir n'y était capable de leur porter ombrage. Pour assurer les frontières anciennes de l'Empire, Yongle lança deux nouvelles campagnes contre la Mongolie en 1410 et 1411 (entre-temps, il avait occupé l'Annam en 1407). Combats incertains, si un autre Qubilai s'était dressé devant lui. Mais tel ne fut pas le cas, et Yongle put enfin s'occuper de politique intérieure : de toute urgence !

Tout allait à vau-l'eau : les sacrifices impériaux traditionnels n'étaient plus correctement accomplis, ce que la classe historiciste des lettrés voyait fort mal ; les parents ne savaient plus quelle éducation donner à leurs enfants ; et le complexe réseau arachnéen de canaux assurant le transport des marchandises de Chine du Sud vers la Chine du Nord ne fonctionnait pratiquement plus, faute d'un entretien abandonné depuis longtemps. Les historiens, suivant en cela les accusations des Chinois, en imputent généralement la faute aux Mongols. La réalité est sans doute plus nuancée : un tel ensemble demande une perpétuelle activité de nettoyage, de désensablement, d'aménagement des berges, tous travaux rarement et difficilement effectués en période trouble. La masse des pondéreux qui devaient transiter par bateaux voyageait donc par cabotage au long des côtes chinoises. C'était une aubaine pour les pirates de tous poils et de toutes nationalités qui écumaient la mer et s'engraissaient au passage. Quand, enfin, Yongle comprit l'ampleur du désastre, il édicta des mesures draconiennes accordant une priorité absolue (1411-1415) à la remise en état des canaux. Tous les problèmes ne se trouvaient pas réglés pour autant : le Grand Canal était à peine réouvert que des hauts fonctionnaires s'inquiétaient du prix des transports, dénonçaient le coût fabuleux de l'approvisionnement de Pékin (1418) et proposaient de ramener la cour dans le Sud, tout comme les services centraux du gouvernement.

Pendant ce temps, et comme l'avait fait Qubilai, Yongle s'attaquait à la réforme de l'administration, c'est-à-dire d'abord au choix de la doctrine qui en fixait les grilles. Il élut la philosophie de Zhu Xi, ce qui marqua un retour en grâce des lettrés que Hongwu avait tant malmenés, et qui trouvèrent là l'occasion éclatante de démontrer à quel point ils étaient indispensables. Le souverain s'était déjà engagé sur cette voie plusieurs années auparavant, lorsqu'il avait lancé en 1403 la compilation d'un vaste dictionnaire du savoir national. Les lettrés travaillèrent d'arrache-pied, au point que le *Grand dictionnaire de l'ère Yongle* (*Yongle dadian*) fut composé en quatre ans seulement. Achevé en 1407, il se présentait, de fait, comme un énorme florilège de textes anciens. Malgré ses imperfections, dues à l'urgence qui avait présidé à sa rédaction, il devait demeurer pendant trois cents ans – jusqu'au XVIIIe siècle – la référence, le corpus par excellence de l'héritage littéraire chinois. Cela, Yongle, bien sûr, ne pouvait le savoir ; mais, à coup sûr, c'est dans ce but qu'il avait œuvré. Et, pour couronner conformément aux rites anciens, attestés par les textes, ce retour à la bonne tradition, il fit construire à Pékin un temple du Ciel (1420), puis un autre, le temple de l'Agriculture (1422) ; à chaque saison, il y communiquait avec les forces de la Nature. Le Ciel, pourtant, ne montra pas grande reconnaissance. Deux ans plus tard (1424), Yongle mourut, alors qu'il inspectait des troupes de l'armée impériale lancées dans une opération de police à la poursuite des partis mongols qui, une fois de plus, ravageaient le nord du Shaanxi et du Hebei. Aussitôt, on se remit, à la cour, à parler du transfert de la capitale à Nankin.

Étrange personnage que cet empereur dont le commerce des porcelaines au séduisant décor « bleu-et-blanc » a glorifié le nom dans le monde entier. L'année même où s'achevait le *Grand dictionnaire* (1407), en plein renouveau confucéen, il montra un intérêt tout aussi vif pour le bouddhisme en général, et pour celui du Tibet en particulier. Les laïques d'obédience confucéenne, tout comme les partisans d'un bouddhisme national, virent d'un très mauvais œil ce qui leur parut être l'éviction des religieux chinois – au vêtement jaune ou gris – au profit des moines tibétains – à la robe rouge sombre. Affaire de sensibilité personnelle ? ou bien les Mongols, indéniablement vaincus sur le terrain politique et militaire, auraient-ils finalement gagné sur un autre plan ? Laissant ainsi au cœur d'un empereur les germes de leur propre pensée cosmogonique, n'avaient-ils pas, d'une certaine manière, changé les Chinois au moins autant que ceux-ci les avaient eux-mêmes transformés ?

Est-ce l'inachèvement apparent de la délicate synthèse culturelle qui s'opérait en lui ? Les historiens imputent à Yongle, non sans arguments, un certain manque de clairvoyance et une réelle inconséquence administrative. Ces accusations prennent d'autant plus de poids que le gouvernement des Ming tendit régulièrement vers davantage d'autocratie. La plus grave – avoir redonné aux eunuques un pouvoir que les Song leur avaient légitimement fait perdre – repose sur une réalité : à partir de 1420, quatre ans avant sa mort, Yongle donna effectivement des charges à des eunuques. Même s'il s'agissait d'hommes compétents, il faut bien avouer qu'aux yeux des lettrés d'obédience confucéenne la réunion, autour d'un même empereur, de « moines rouges » tibétains et d'administrateurs eunuques créait une atmosphère étrange qui avait de quoi faire peur.

Yongle, pourtant, n'était pas seulement un autocrate aux lubies plus ou moins bien inspirées ; il ne se montrait pas insensible à la misère humaine, et savait exprimer à l'occasion la compassion seyant à tout bon souverain. L'histoire officielle, telle qu'on l'enseigna aux enfants jusqu'au début du XXe siècle, montrait ainsi Yongle voyageant à travers l'Empire. Un jour, en 1421, il vit des paysans occupés à ramasser des herbes sauvages, car ils n'avaient plus rien d'autre à manger. Yongle comprit alors pourquoi il devait rouvrir, puis entretenir régulièrement, les « greniers d'équité » ou « greniers régulateurs », ce qui fut fait. L'institution remontait aux Han. Il s'agissait de réserves de céréales que l'État achetait en période de prix bas pour les remettre sur le marché au moment des hausses et réguler ainsi la courbe des prix. Dans les instants les plus graves, en cas de disette, l'administration pouvait aussi décider la distribution pure et simple de grain aux plus démunis. On ne compte pas, cependant, le nombre de gouvernements qui négligèrent de remplir les greniers ou qui en détournèrent l'usage, y plongeant sans vergogne pour payer les fonctionnaires et les soldats (rétribués en nature), quand il n'y avait plus assez d'argent dans les caisses pour acheter du grain à distribuer ou bien quand l'impôt (en céréales et rouleaux de soie) avait été détourné au passage par les percepteurs et administrations locales. En ce cas, si la famine survenait, il ne restait plus rien à donner aux pauvres. Il paraît bien difficile, donc, de savoir en quelle mesure la compassion dont l'imagerie officielle gratifie Yongle eut quelque efficacité propre à ramener vers le pouvoir tous ceux que les eunuques et les « bonzes rouges » faisaient fuir.

LE TOUR DU MONDE À L'ENVERS

Il est aisé et fascinant de refaire le monde longtemps après les événements pris en compte. Que serait-il advenu, par exemple, si un Chinois avait doublé le cap de Bonne-Espérance avant Vasco de Gama, et en suivant la route inverse ? Si les « grandes découvertes » s'étaient faites à l'envers ? De bonnes raisons techniques appuient l'hypothèse : les découvertes archéologiques actuelles prouvent que les vaisseaux ibériques se trouvaient peut-être désormais les plus rapides et les meilleurs, mais en aucun cas les seuls à pouvoir soutenir les courses hauturières. Reste la question des hommes. Or, au début du XVe siècle, l'un d'entre eux, au moins, nourrissait en Chine des rêves de grande aventure. C'est une histoire curieuse, unique par sa réussite, et pourtant caractéristique des voies complexes, et à nos yeux imprévisibles, par lesquelles se faisait, au sein de l'Empire, une certaine intégration des étrangers.

Il s'agit d'un jeune Ma, musulman de bonne souche, comme l'indique son patronyme, et dont le père jouissait du respect de son entourage car il avait fait le pèlerinage de La Mecque. La famille vivait au Yunnan, carrefour que l'on sait entre Asie du Nord, Asie du Sud, Inde, Chine et Tibet. Les richesses naturelles et la situation géographique de la région expliquent la présence chinoise que tout gouvernement fort veut y affirmer à longueur de dynastie : rien d'étonnant, donc, à ce qu'en 1382 Hongwu ait reconquis la province. Restait pour le jeune Ma (né en 1371) à trouver une situation d'avenir, dans un contexte différent de celui des Yuan, moins propice sans doute au commerce. La famille Ma fit du jeune adolescent un eunuque, ce qui lui permettrait d'entrer dans un harem princier et de commencer ainsi une carrière, si modeste fût-elle, à l'ombre des grands de ce monde. Le vieux père Ma eut le nez creux : il aida la rébellion et s'attacha à la fortune de l'homme qui, plus tard, allait devenir l'empereur Yongle.

Comme le jeune Ma était doué, il quitta bien vite les emplois domestiques – par ailleurs lucratifs – et s'éleva à des postes militaires importants ; puis il fut nommé amiral de la flotte du Sud-Est. En même temps, il recevait de l'empereur (1404) un nouveau nom à consonance bien chinoise, Zheng He, sous lequel il devint célèbre et projetait de grandes expéditions vers les mers du Sud. Yongle lui accordait soutien moral et financier. De 1405 (date du départ de la première expédition) à 1422 (date du retour de la sixième), il explora ainsi les côtes de l'Insulinde, de l'Inde du Sud, de l'Arabie et du Mozambique ; et ce fut lui qui, dit-on, découvrit l'opium au long de son odyssée. Yongle mourut en 1424, mais Xuande (reg. 1425-1435) lui renouvela sa confiance et Zheng He fit une septième expédition qui le ramena à Aden et Djeddah : à sa manière, voici qu'il faisait, comme son père, le pèlerinage de La Mecque.

Il était temps : lorsqu'il rentra, le vent politique avait changé, à moins que Zheng He ne tombât victime de son propre succès. La vogue des grandes expéditions était passée et le pouvoir ne voulait plus en entendre parler. Les politiques, pourtant, lui rendaient hommage : oui, ses périples avaient permis à la Chine d'intervenir ici et là – à Ceylan, à Sumatra – mais, au fil des années, le gouvernement mesurait mieux le caractère éphémère de ces interventions qui, pour être rentables, impliquaient un suivi constant et ruineux. Les passages de Zheng He, sur son vaisseau amiral, à la tête d'une flotte portant plus de vingt mille hommes n'avaient pas empêché les peuples du delta du fleuve Rouge (la région d'Hanoi) de chasser les Chinois (1428), et cette fois d'une manière particulièrement cuisante qui laissait mal augurer d'un éventuel retour impérial. Les spécialistes des Finances dénonçaient par ailleurs le caractère, à leurs yeux pernicieux, des tentations de l'exotisme : des bourgeois pusillanimes s'arrachaient à prix d'or tous les produits qu'il rapportait et la bonne monnaie chinoise fuyait ainsi à l'étranger. Quant aux pères-la-morale, ils dénonçaient l'influence délétère de la consommation effrénée. D'ailleurs, tout ce que la terre pouvait porter de bon et d'utile ne se trouvait-il pas déjà en Chine ? De plus, engager les frais d'une grande campagne de découverte maritime, c'était retirer autant d'argent à l'entretien des canaux, des digues, des greniers pour les pauvres, ou encore au bon équipement de l'armée : autant dire lâcher la proie pour une ombre séduisante et dangereuse.

Un tel état d'esprit peut, avec raison, être porté au compte d'une mentalité étriquée, prônant une politique de repli quelque peu grincheuse. Avec le recul, il est permis, aussi, de s'interroger : ni Yongle (reg. 1403-1425), ni Xuande (reg. 1425-1435), ni Zhengtong (reg. 1436-1450) ne purent envisager avec quelque apparence de raison la disparition complète et définitive de la menace mongole. Celle-ci se fit même particulièrement pressante pendant dix ans et culmina au long d'un épisode rocambolesque, l'incident de Tumu (1449).

DÉJÀ LE DÉBUT DE LA FIN ?

Tumu est le nom d'une forteresse située au nord de la province du Hebei. Depuis Yongle, qui avait incontestablement porté des coups très rudes aux Mongols, la garnison chinoise s'y tenait très bien, dans une sécurité qui ne semblait pas menacée. C'est peut-être là le nœud de l'affaire. Rien n'obligeait les Chinois, en ce point précis, à montrer autre chose qu'une vigilance suivie et affirmée. Yingzong, cependant, nourrissait l'ambition de se montrer à la hauteur de Yongle, son ancêtre vénéré ; autour de lui s'agitait aussi un groupe de militaires tout autant désireux de prouver leur bravoure, comme le général eunuque Wang Zhen, qui voulait laisser trace de son nom dans les Histoires dynastiques. Ainsi commença l'aventure : Yingzong gagna la forteresse de Tumu face aux Mongols Oirats et, sans se contenter de les observer des remparts, se lança dans une sortie et engagea bataille à la légère. Ainsi pourrait se résumer le début de l'opération, en ajoutant toutefois que cette légèreté-là s'appuyait sur une solide intendance : 800 000 armes et des provisions de bouche pour un mois avaient été préalablement réunies. L'affaire était rien moins qu'improvisée, même si son intérêt tactique et politique paraissait des plus hasardeux. En fait, personne, du côté chinois, ne songeait sans doute à faire la guerre sérieusement ; l'empereur courait après la gloire et ses généraux se portaient des coups bas, chacun conservant l'espoir d'être le seul grand et valeureux vainqueur des Mongols. Le résultat ne se fit pas attendre : non seulement les Mongols gagnèrent la bataille, mais ils enlevèrent l'empereur. Ils ne le relâchèrent que l'année suivante et n'acceptèrent qu'en 1453 la paix que les Ming leur proposaient.

Le piteux incident pouvait paraître clos ; or, il n'en était rien. Pendant la captivité de Yingzong, en effet, des voix véhémentes s'étaient élevées à la cour pour qu'on le remplaçât. Ce qui fut fait. Quand Yingzong revint, il trouva donc le trône occupé, et même la paix de 1453 ne changea rien à la situation. Pire : de 1457 à 1464, son rival déclara officiellement qu'il ne lui rendrait pas sa place. En fait, et comme toujours en période de fragilité dynastique, deux factions rivalisaient à couteaux tirés en se servant des deux figures impériales possibles : les lois de succession laissaient toujours, au sein de la même famille dynastique et même en respectant la succession des générations, une part importante à l'improvisation selon les circonstances. Ainsi, avec l'incident de Tumu, les Mongols n'avaient certes pas reconquis la Chine, mais ils avaient gagné bien plus qu'une simple bataille : ils avaient mis le doigt sur les faiblesses du régime des Ming, qui péchait essentiellement par manque de règles administratives claires et souffrait du vent d'absolutisme que Hongwu, le fondateur, avait tant contribué à faire lever.

C'est dans cette atmosphère de luttes acharnées que se mirent en place, au service d'un parti ou d'un autre, d'inquiétants réseaux politiques d'espionnage et de police, largement manipulés, comme les souverains, par les eunuques. En l'espace d'un demi-siècle, tout se passa comme si les empereurs se retiraient eux-mêmes du pouvoir.

Wuzong, par exemple, dont le règne commença en 1505, aimait comme un père Liu Jin, l'eunuque qui l'avait élevé depuis sa naissance. Il s'en remettait à lui pour tout et lui laissait toute initiative. L'affaire se termina par l'éviction sanglante de Liu Jin : un puissant clan, les Yang, et un général devenu célèbre pour ses travaux de philosophie, Wang Yangming, qui leur était apparenté, évincèrent l'intrus, sans pour autant rendre au souverain, théoriquement autocrate et absolu, un goût du pouvoir qu'il n'avait pas. Le *lobby* des Yang supplanta un moment celui des eunuques, voilà tout.

Les mêmes causes produisaient régulièrement les mêmes effets. Ainsi l'empereur Jiajing (reg. 1522-1566) passa-t-il sa vie moins à gouverner qu'à chercher, auprès de ses maîtres taoïstes, la drogue d'immortalité. Ils lui prescrivaient des pilules et des élixirs à base de cinabre (sulfure de mercure) et de plomb, autant de produits qui durent notablement raccourcir sa vie, tout comme celle des dames du harem préposées à l'essai des nouveaux « médicaments ».

Sous le règne de Wanli (1573-1620), la situation, malgré les apparences de la bienséance, empira. Le « cabinet » (*neige*), dont le rôle était à l'époque celui d'une chancellerie, prit en main les affaires de l'État. Mais il était partagé entre des cliques qui s'affrontaient : terribles jeux de rôles grandeur nature avec pour enjeu des parts plus ou moins grandes de pouvoir et les bénéfices que celui-ci permettait.

Étrange atmosphère que celle de cette cour présentant des caractères de « fin de dynastie », alors même qu'elle existait à peine depuis deux ou trois générations et ne s'était certes montrée avare ni de dynamisme, ni de goût pour les réformes. Parmi ces dernières, la plus célèbre – et la plus controversée aussi – fut celle du « coup de fouet unique » (*yitiao bianfa*) : une refonte des divers impôts directs en un seul, versé non plus en nature, mais théoriquement en argent liquide. Les historiens chinois contemporains y voit l'un des événements majeurs des Temps modernes, traduisant en termes fiscaux et institutionnels le passage de la Chine à une économie monétaire généralisée.

Et pourtant, les Ming croulèrent dès le milieu du XVIe siècle sous les difficultés financières et, s'ils durèrent longtemps – deux cent soixante-seize ans –, c'est que l'essentiel de la vie nationale évoluait maintenant hors des sphères étroites de la capitale et de la cour. Les régions vivaient leur vie, selon un schéma bien visible encore aujourd'hui, dans un contexte totalement différent et en fonction de pressions du monde étranger dont, de Pékin, on ne pouvait sans doute avoir l'idée.

À partir de 1570, en Chine maritime du Sud-Est (Fujian et Guangdong), le contrôle économique de l'État n'était plus qu'un lointain souvenir. Les marchés locaux développaient une économie libre, auquel l'apport de nouvelles liquidités donnait une vigueur sans précédent : en un seul vaisseau, les Espagnols apportaient de Manille autant de lingots d'argent qu'on émettait annuellement de métal-monnaie dans toute la Chine. Et, en 1613, la province du Fujian tirait les deux tiers de ses revenus des taxes douanières imposées aux navires étrangers qui hantaient ses côtes. Une prospérité fragile, cependant : dix ans plus tard, le poids excessif des impôts et l'arrivée de nouveaux venus plein d'appétit – les Hollandais, peu respectueux, par définition, d'un état de fait accepté par les Espagnols – conduisaient à un affaissement brutal des rentrées.

14

LA DYNASTIE DES QING

Pékin, investi le 23 avril 1644, tomba deux jours après, le 25 avril. Plus jamais les choses ne seraient comme avant. Certes, la ville garderait son rang de capitale, mais sous une dynastie étrangère. (Bien plus tard, au début du XXe siècle, l'État et Pékin revinrent enfin en des mains chinoises ; mais l'Empire avait cédé devant la République et celle-ci, dans un premier temps, s'installait au sud, à Nankin.)

Le 25 avril 1644, donc, les murailles de la ville, puis celles du palais, s'ouvrirent. Le rebelle Li Zicheng s'y engouffra en terrible vainqueur et la traque finale commença. L'empereur Chongzhen (régnant depuis 1626), délogé de ses appartements, balayé de cour en cour, poursuivi d'un bâtiment à l'autre, tourna pour toujours le dos au Midi – le face-à-face normal d'un souverain en place. Il finit par se trouver devant la porte nord ; au-delà, ce n'était plus le palais. Des fidèles ouvrirent les vantaux imposants, et Chongzhen courut encore, droit devant lui, jusqu'à la colline des Panoramas qui s'élevait à quelques enjambées, avec son habillage de belvédères et de loggias bucoliques, conçus pour le repos du corps et des yeux. D'une traite, il monta jusqu'en haut, protégé sur ses arrières par une ultime escorte de cavaliers ; mais les troupes de Li Zicheng commençaient à cerner les lieux. D'espoir, il n'y en avait plus, pas davantage ici qu'ailleurs. L'empereur vit en bas les flammes dévorer déjà les palais de bois rare, tandis que les rebelles brisaient les élégantes balustrades et pillaient le mobilier. Le père Adam Schall (1591-1666), l'un des rares témoins occidentaux de la fin des Ming, raconte que tout à coup Chongzhen, contre toute attente, revint sur ses pas, dévalant la colline : il n'était pas sûr que ses enfants aient pu le suivre. Comme une ombre, il se glissa de nouveau dans le palais, au risque de se faire prendre. Alors seulement, n'y trouvant pas ses trois fils et vaguement rassuré, il se faufila derechef hors les murs et remonta sur son promontoire qui ressemblait maintenant à un gibet : ses familiers ne l'avaient pas attendu pour en finir. À mesure qu'il gravissait la pente, il se heurtait à leurs cadavres. Que faire, sinon les suivre ? Chongzhen s'y prépara, presque méthodiquement, envoyant prier Li Zicheng de bien vouloir épargner les femmes et les enfants du harem et d'enterrer les morts décemment. Puis, enfin, lui, le dernier des Ming, se passa la corde au cou.

Ainsi finit la dynastie fondée par Zhu Yuanzhang, après deux cent soixante-seize ans d'existence répartis en seize règnes. Assurément, les Ming avaient perdu la confiance du Ciel et ne maîtrisaient plus rien de ce qui se passait dans le pays ; mais ils demeurèrent, jusqu'à l'autodestruction finale, fidèles aux rites nationaux et à l'indéniable grandeur dont ceux-ci parent les comportements les plus désespérés, voire les plus irrationnels. Les chefs mandchous, qui reprirent le flambeau dynastique – et prirent soin, étonnante et suprême élégance, d'enterrer Chongzhen près de la tombe de la femme qu'il avait le plus aimée –, ne manquèrent jamais de rendre hommage, sur ce plan, à la lignée évanouie. Beaux joueurs et victorieux : à la fin du mois d'avril 1644, il n'y avait plus d'empereur.

Cela ne voulait pas dire pour autant que la dynastie avait définitivement disparu. Certes, Li Zicheng le rebelle tenait la capitale, mais on avait déjà expérimenté, par exemple sous les Tang, puis sous les Song, que les pires situations pouvaient s'inverser : un repli stratégique, suivi d'un retour en force de la famille régnante en difficulté, était toujours possible ; et les hommes politiques manquaient rarement, en ce cas, de trouver un héritier « légitime » au moment opportun.

UN JEU À TROIS

La situation de Li Zicheng semblait par ailleurs d'autant plus précaire qu'un champion dûment mandaté par l'empereur à peine défunt pouvait se dresser devant lui. Il s'appelait Wu Sangui. C'était un homme originaire du Liaodong, de ces terres du Nord où prospéraient les Mandchous. Et c'est précisément pour empêcher leur expansion que l'empereur Chongzhen l'avait, quelques années auparavant, nommé adjoint au gouverneur militaire de la province. La mission de Wu consistait à boucler la passe de Shanhaiguan, verrou de la Chine du Nord : la Grande Muraille y rejoint la côte et tombe dans la mer. En fait, Wu Sangui, prudent, s'était surtout contenté d'attendre, et le hasard le servait : en 1643, l'année précédente, Abahai, le chef des Mandchous, était mort inopinément. Depuis, la province semblait calme. Ainsi, Wu Sangui avait de la chance : devant Pékin en cendres, ce général victorieux sans coup férir et par le seul effet du sort pouvait, aux yeux de beaucoup, paraître mieux qu'aucun autre apte à défendre ou même à incarner une forme de pouvoir, voire de légitimité.

En cet été 1644, il y avait donc, en Chine du Nord, trois forces en présence : Li Zicheng, appuyé par une masse de petits propriétaires et de lettrés sans fortune – au-delà des troubles perçus comme une fatale nécessité, ils aspiraient d'abord et surtout à une prospérité que les Ming ne leur avait pas accordée ; en face de Li Zicheng se dressait Wu Sangui et ses troupes ; enfin, les Mandchous.

Ces derniers se montraient, depuis la mort d'Abahai, très occupés au règlement de sa succession. Mais il y avait fort à parier que, celle-ci une fois réglée, ils réapparaîtraient, aussi remuants qu'avant. Et c'est bien ce qui se passa, à partir d'octobre 1644 : le choix des Mandchous venait de se porter enfin sur un héritier, un enfant de six ans, nommé Fulin, que l'on flanqua de deux régents, dont un certain Dorgon (1612-1650), connu pour son tempérament de feu.

Aucune de ces bêtes de guerre, cependant – ni Li Zicheng, ni Wu Sangui, ni Dorgon –, n'avait en ce moment précis, et à lui seul, le pouvoir de dominer rapidement l'ensemble de la Chine. Et si chacun en portait, consciemment ou non, le projet, il fallait, pour gagner ce grand enjeu-là, conclure une alliance. Par la force des choses, celle-ci ferait inexorablement prévaloir le parti de la rébellion antidynastique : ni Li Zicheng, ni Dorgon ne rappelleraient les Ming, malgré la restauration que tentaient à Nankin des princes de la dynastie malmenée. Et Wu Sangui comprit vite qu'il ne pouvait rien sans allié mais que, s'il en choisissait un, celui-ci l'entraînerait inéluctablement dans l'illégalité. Il n'importait donc plus de savoir si l'on agissait pour ou contre les Ming ; il lui fallait en revanche décider s'il choisissait la cause mandchoue ou fondait avec Li Zicheng un grand parti chinois.

La possibilité de contrer les Mandchous existait bel et bien, à condition de réaliser, justement, une alliance « naturelle » et nationale : celle des deux Chinois, Wu Sangui et Li Zicheng. Il se trouvait malheureusement que, pour accélérer un appui qu'il réclamait comme un dû, le second avait eu la mauvaise idée de prendre en otage le père du premier. Pis : Li Zicheng avait enlevé Chen Yuanyuan, la dame de cœur de Wu Sangui, et, plus ennuyeux encore, dans le seul but de l'offrir à l'un de ses simples lieutenants. La gravité de l'affront eut tôt fait de rendre Wu Sangui oublieux des menaces qui pesaient tant sur l'Empire que sur son père. Il se lança furieux contre les troupes de Li Zicheng, sans trop savoir, sans doute, à quelle forte partie il avait affaire. Il y rencontra une résistance à laquelle il ne s'attendait pas et se trouva vite réduit en mauvaise posture. Il chercha de l'aide, n'en trouva pas et finit par appeler à la rescousse le seul chef de guerre capable de l'aider : celui qui campait précisément devant les murs de Shanhaiguan, Dorgon, dont Wu Sangui devait, en principe, empêcher toute entrée dans la

Grande Plaine. Les jeux étaient faits : la partie se réglerait à mort entre les deux Chinois. Li Zicheng, de son côté, ne retarda pas davantage l'exécution du père de Wu Sangui. Et plus encore que la brutalité du maître-chanteur, les moralistes dénoncèrent la scandaleuse légèreté du fils, parricide par inconséquence.

Le vrai vainqueur, dans l'affaire, ce fut Dorgon qui, plantant là Wu Sangui, vint à bout de Li Zicheng : il commença par lui infliger une lourde défaite dans l'immédiat et à Shanhaiguan même. Puis il le suivit à Pékin, où Li Zicheng croyait pouvoir s'autoproclamer empereur. Pour peu de temps : le 3 juin, Dorgon arrivait, incendiait le palais, ou ce qui en restait. Li Zicheng quitta précipitamment la ville pour gagner Xi'an, mais Dorgon le suivit encore (1645), et Li Zicheng reprit la route. Il erra quelque temps entre Hubei et Hunan, où l'attendait, en fin de course, le destin habituel des révoltés : deux paysans loyalistes le reconnurent, le tuèrent et le décapitèrent.

Il y avait beau temps, cependant, que les Mandchous étaient entrés dans Pékin. Ils s'y targuèrent avec une satisfaction évidente de ne rien devoir à Wu Sangui, mais de n'avoir rien tenté non plus contre la personne physique des empereurs Ming. Mieux : pour avoir chassé Li Zicheng, ils se posaient en champions de la légitimité impériale, en restaurateurs de l'ordre face au chaos. Ce rôle-là, ils le jouèrent également en province. Au Sichuan, ils vinrent rapidement à bout (1646) de Zhang Xianzhong, autre rebelle au programme social beaucoup plus radical que celui de Li Zicheng : il appelait à la haine de classes avec, pour premier but, l'assassinat des riches et des fonctionnaires. Dans ce jeu-là, les Mandchous n'avaient pas forcément le mauvais rôle.

Pendant deux siècles, devenus maîtres de l'Empire, ils se serviront très habilement de cet enchaînement des faits : ils prétendirent toujours détenir une véritable légitimité pour avoir été fidèles aux Ming dont la chute n'incombait, en fin de compte, qu'à des rebelles chinois peu recommandables. Belle histoire linéaire, débarrassée de ses scories et de tous ses possibles, pour asseoir confortablement le nouveau pouvoir. Belle histoire qui cache aussi la brutalité d'une occupation usant largement de la terreur : en 1645, les Mandchous donnèrent l'ordre à toute la population mâle de l'Empire de revêtir l'habit mandchou. Ordre, aussi, de se raser la tête, ne gardant qu'une touffe de longs cheveux tressés pendant dans le dos – les Anglais la dénommeraient plus tard, sans aménité, la « queue de cochon » (*pigtail*), et le terme finirait par passer dans l'usage.

Chignon ou natte ?

« En imposant aux Chinois, sous peine de mort (1645), le port de la natte..., les Mandchous ne faisaient que sanctionner officiellement un usage appliqué depuis des siècles par les conquérants barbares qui avaient régné sur les populations chinoises du Nord...

Le port de la natte est mentionné chez les Turcs dès l'année 646, dans un texte qui montre aussi comment, tout comme les Chinois changeaient de costume et de coiffure lorsqu'ils passaient sous la domination des barbares du Nord, ceux-ci adoptaient de leur côté coiffure et costume chinois pour témoigner de leur soumission à la Chine...

[En 1645]..., la résistance à cette mesure fut vive... La piété filiale prescrit de garder intact ce qu'on a reçu de ses ancêtres... On consacrait des tombes aux cheveux coupés... Un témoin oculaire, le père Martini, rapporte qu'à Shaoxing (Zhejiang), en 1646, la population était prête à se soumettre aux Mandchous, lorsqu'on eut vent de l'ordre de se couper les cheveux : aussitôt, tout le monde courut aux armes...

... La résistance à la natte resta vivace à travers toute l'époque mandchoue ; et, au milieu du XIXe siècle, quand les Taiping... se soulevèrent contre les Qing, ils déclarèrent dans une de leurs premières proclamations que l'usage de la natte transformait les Chinois en animaux... Mais les masses s'y étaient faites peu à peu. En 1911, dès la chute des Qing, les autorités républicaines donnèrent l'ordre de couper les tresses ; les éléments avancés s'exécutèrent volontiers, mais il y eut des résistances dans le peuple... En 1912, les quatre cinquièmes de la population de Pékin portaient encore le *pig tail*. En 1920, quand j'étais à Pékin, on n'en voyait plus qu'aux Mandchous et à quelques vieux impérialistes. »

Paul Demiéville, *Le Concile de Lhassa*, Paris, Imprimerie nationale de France, 1952, p. 207-212.

« En Chine comme ailleurs, la chevelure avait été très anciennement associée au cerveau qui, lui-même, assurait le maintien de l'âme dans le corps. Tant que l'individu restait un petit enfant, celle-ci risquait de s'échapper par la fontanelle ouverte. Un bon moyen d'y remédier fut donc de nouer les cheveux en chignon au sommet de la tête, non seulement chez les enfants, mais chez les hommes comme chez les femmes. Et les cheveux défaits devinrent la marque du deuil : on les dénouait précisément pour marquer le passage d'une âme de ce monde à l'autre. »

Cf. Ogata Toru, « Hihatsu ko. Kami katachi to reikon no kanren ni tsuite [Les cheveux défaits. Sur les rapports entre coiffure et âme], in *Toho shukyo*, 86, 1995, p. 1-23.

Toute contravention était punie de mort, en vertu de l'adage : « Si tu rases tes cheveux, tu garderas ta tête ; si tu gardes tes cheveux, tu perdras ta tête. » Le peuple, bon an, mal an, se soumit d'autant plus promptement que les Mandchous prirent Nankin (1645).

Mais les jeux, pour les contemporains, ne semblaient certainement pas définitivement faits ; même mort, Li Zicheng – ou ses idées et la petite bourgeoisie nationale qu'il incarnait – conservait des partisans.

L'EMPEREUR KANGXI

En 1661, la variole emporta Fulin, devenu l'empereur Shunzhi, le premier souverain mandchou qui régna sur la Chine. Les *lobbies* de la cour, surpris par la soudaineté de l'événement, finirent par désigner (1662) pour héritier du trône un enfant de sept ans, Xuanye, plus connu sous son nom de règne, Kangxi. Parmi ces faiseurs d'empereurs, le groupe le plus efficace – celui qui avait imposé ce choix – était une faction chinoise, ou de tendance pro-chinoise, menée par certain Yang Guangxian (1597-1670). L'homme était originaire de l'Anhui ; il avait pour particularité d'être musulman – une caractéristique qui le faisait bien voir des Mandchous – et de détester les chrétiens.

La transposition en Asie orientale de ces antagonismes méditerranéens peut paraître saugrenue ; elle n'en joua pas moins un grand rôle lors d'un incident qui révéla en même temps l'ampleur relative d'une réelle percée chrétienne et la xénophobie qu'elle pouvait susciter dans le cercle étroit mais crucial de la cour : ce fut l'affaire du bureau du calendrier. Même si la question n'agitait que les cercles académiques de la plus haute administration, elle n'était pas anodine car elle touchait à la clé de voûte du rituel impérial.

Depuis les Yuan, en effet, la mise au point du calendrier – devant conjuguer éléments lunaires et solaires – incombait traditionnellement à des mathématiciens arabes, réputés pour leurs compétences astronomiques. Mais, au début du XVIIe siècle – dès qu'ils avaient pu s'implanter à Pékin –, les jésuites étaient apparus comme des concurrents crédibles, et même appréciés. C'était l'époque où l'astronomie faisait de grands progrès en Europe ; le pape interdisait certes aux jésuites d'embrasser les thèses systémiques de Copernic (1473-1543) et de Galilée (1564-1642), mais les pères s'y intéressaient pourtant, tout comme ils connaissaient les observations obtenues, justement par Galilée, grâce à la lunette astronomique qu'il avait mise au point (1609). Ainsi les jésuites se montrèrent-ils plus d'une fois capables de résoudre, mieux que leurs concurrents du Moyen-Orient, nombre de difficultés propres au calendrier chinois. Or celui-ci jouait, dans les rites, un rôle important : l'empereur, ouvrant le premier sillon de l'année agraire, sacrifiant au Ciel et à la Terre selon la position des astres, se déplaçant symboliquement pour mettre en branle solstices et équinoxes, devait se montrer rigoureusement en phase avec la Nature ; selon les conceptions anciennes du pouvoir, le bien de l'Empire, et la prospérité de tous, en dépendaient.

Yang Guangxian et les musulmans, tout comme les Chinois nationalistes et les Mandchous pro-Chinois, finirent par mal supporter ce qu'ils estimaient devenir une mainmise des chrétiens sur le calendrier impérial. Beaucoup trop voyante à leur goût, elle revenait, selon eux, à laisser une puissance étrangère – la papauté – dicter au fils du Ciel sa conduite. Situation peut-être dangereuse de fait et, en tout état de cause, insupportable sur le plan des principes. C'est donc fort de bons appuis qu'en 1665 Yang Guangxian fit chasser les jésuites et imposa au gouvernement l'indispensable retour aux seules idées de Zhu Xi (1120-1200), le fameux maître penseur de l'école confucéenne du Principe. Il promulgua en même temps un édit antichrétien dont la sévérité réduisit à néant un demi-siècle de prédication et faillit même emporter la vie du célèbre père Adam Schall, qui œuvrait au bureau du calendrier, après avoir difficilement vécu la fin des Ming.

Le 15 avril 1665, le malheureux père et les confrères chinois qui travaillaient avec lui se virent condamnés à la mort lente. Le hasard ou la Providence voulut que, le lendemain et alors que le jugement allait devenir exécutoire, un tremblement de terre secouât la capitale. Le Grand Conseil et l'impératrice douairière y virent un signe du Ciel. La sentence, d'abord reportée, finit, le 17 mai, par être levée, puis l'incident parut oublié. Ne mettant en cause qu'une poignée d'étrangers, souvent divisés entre eux par groupes nationaux et perdus à six mois de bateau – au moins – de leur base romaine, il n'aurait sans doute aucune suite. C'était compter, cependant, sans la vivacité, l'autorité et le désir de bien faire du « petit » Kangxi dont les grands de la cour se souciaient peu.

L'adolescent surprit tout le monde. Qui aurait pu prévoir que dès 1667 – il avait douze ans – il chasserait ses régents et affirmerait son pouvoir personnel ? Si les jésuites voyaient loin – et ils savaient le faire –, l'espoir d'un retour en grâce leur réchaufferait le cœur. Ils durent certes attendre encore deux ans mais, en 1669, le père Ferdinand Verbiest et tous les prêtres retrouvèrent leur place au bureau du calendrier. Les astronomes chrétiens prenaient le pas pour longtemps sur leurs confrères musulmans.

Avec le recul du temps, et justement parce qu'elle est paradoxale, la décision impériale en la matière symbolise bien l'étonnante synthèse culturelle que recherchèrent les plus dynamiques des empereurs mandchous : une synthèse dont ils firent même plus tard, sous Qianlong, au XVIIIe siècle, un programme politique. C'est aussi à travers de telles confrontations que, pour le meilleur ou pour le pire, l'Europe occidentale et l'Asie orientale se rencontrèrent peu à peu, engageant des deux côtés de vraies révolutions de pensée : en Europe d'abord, où la découverte de la Chine nourrit la remise en cause de la cosmogonie théologique traditionnelle ; puis en Chine, un bon siècle plus tard, quand l'Empire dut reconnaître la supériorité d'une politique anglo-saxonne mondialiste, agressive mais efficace.

UNE CHINE SANS CHINE DU SUD EST-ELLE ENCORE LA CHINE ?

Comme tous les fondateurs de dynastie cependant, et d'autant plus qu'il était étranger – mandchou et non chinois –, Kangxi se trouvait dans une position délicate. Deux difficultés majeures lui laissaient une marge de manœuvre des plus réduites : le caractère incontrôlé, voire incontrôlable, des provinces méridionales – la nature du relief aidant, la rébellion y était quasiendémique – et la fronde de ses « amis ». Ces derniers, des généraux chinois qui avaient aidé les Mandchous à gagner la partie, réclamaient maintenant la juste, c'est-à-dire large, rétribution de leurs services. La situation ne fut réglée qu'en apparence et, de fait, devint explosive quand Geng Jimao, terreur des derniers partisans des Ming, accepta de se fixer au Fujian (1660), avec son énorme armée : 100 000 hommes. Tant qu'il ferait cavalier seul, mal soutenu de fait par ces troupes impressionnantes mais hétéroclites, déstructurées et peu motivées, son pouvoir ne s'étendrait pas au-delà des limites de la province. Mais si d'aventure il embrassait la cause de ses ennemis d'hier, les derniers Ming – toujours populaires dans le cœur des petites gens et constitués en dynastie des Ming du Sud –, c'était toute la Chine du Jiangnan qui risquait de se dresser face aux Mandchous. Le premier geste d'un éventuel gouvernement de résistance méridionale à l'envahisseur bloqué dans le Nord serait alors de couper le Grand Canal et d'interrompre le transfert du riz vers le fleuve Jaune, ce qu'aucun gouvernement ne pouvait accepter ni supporter. Les Mandchous ne voulaient et ne pouvaient donc lâcher le Sud.

La détermination mandchoue sur ce point ne fit jamais aucun doute. Ils l'avaient déjà montrée en 1657, quand la population des côtes semblait se soumettre sans grand déplaisir au « pirate » Zheng Chenggong (celui que voyageurs et missionnaires occidentaux appellent Coxinga).

Shunzhi, alors, n'y était pas allé par quatre chemins : en 1657, puis surtout en 1660, il avait ordonné l'évacuation pure et simple des rivages du Fujian, arrachant pêcheurs et paysans à leurs villages et les refoulant vers l'intérieur. En quelques années, la côte était devenue un *no man's land*. Seuls restaient maîtres du terrain les aventuriers européens, coréens, chinois, japonais en rupture de ban (depuis 1639, les Japonais expatriés ne pouvaient plus rentrer chez eux sous peine de mort) ; ils s'y menaient une concurrence armée et sans pitié. C'est dans ce contexte que Zheng Chenggong (Coxinga) chassa les Hollandais qui s'étaient installés à Taiwan (Formosa, « la Belle », comme disaient les Occidentaux) et y avaient bâti un fort dont subsistent encore aujourd'hui quelques maigres vestiges. Coxinga les en délogea en 1661, l'année même où mourut Shunzhi, et se mit à leur place. À l'époque, celle-ci n'était pas toujours enviable : le climat subtropical y était débilitant, les moustiques porteurs de miasmes et les aborigènes – les seuls habitants des lieux – peu accueillants c'est le moins qu'on puisse dire ; voyageurs européens et géographes chinois les accusaient même de pratiquer le cannibalisme. Ce fut néanmoins la première implantation chinoise durable sur l'île, appelée à l'avenir que l'on sait, même si, à l'époque, les Han n'y étaient représentés que par un trublion.

Six ans après sa prise de pouvoir personnel, Kangxi s'intéressa activement à ce Fujian qu'il ne fallait pour rien au monde laisser aux mains d'un général incontrôlé. Le grand commerce maritime y était florissant et représentait l'une des clés économiques de la Chine du Sud ; c'est d'ailleurs pourquoi Geng Jimao avait accepté si facilement de s'y laisser enfermer.

Kangxi commença par y dépêcher (1673) un fonctionnaire issu de la région, Li Guangdi (1642-1718). C'était un excellent lettré qui impressionnait le jeune empereur depuis que ce dernier avait eu entre les mains un curieux message, rocambolesque et romantique : un billet caché dans une boulette de cire. Li Guangdi avait imaginé ce stratagème pour communiquer avec le gouverneur général de la province que les rebelles retenaient maintenant prisonnier, bafouant ouvertement l'État, l'administration et les Mandchous. Et la situation allait de mal en pis : en 1674 éclatait la révolte des Trois Feudataires (*Sanfan*). Le Fujian, le Sichuan, la région de Canton et le Yunnan – où resurgissait tout à coup Wu Sangui après trente ans de disparition et de silence – faisaient sécession. Et l'on reparlait des Ming du Sud, champions de la restauration nationale.

Assurément, si ces derniers ne s'étaient pas déchirés entre cousinages et branches rivales, les Mandchous n'auraient peut-être pas régné longtemps sur la Chine. Les Ming, indéniablement, suscitaient encore le respect du peuple. Et les Qing menaient une politique rien moins que populaire, d'autant plus que la lutte contre les feudataires et satrapes de tout poil mettait particulièrement à mal les finances de la dynastie. Si bien que pour remplir les caisses, le gouvernement recourait à des subterfuges non dénués d'effets pervers. Parallèlement au recrutement des fonctionnaires à travers le système des examens (restauré en 1663, et qui fonctionna jusqu'en 1905), on se mit, par exemple, à vendre des charges.

À long terme, le système multiplierait ses conséquences néfastes. Il faut cependant reconnaître que, dans l'immédiat, il donna à Kangxi l'indispensable nerf de la guerre et lui permit de mener la politique de fermeté prônée par Li Guangdi. Le succès fut au rendez-vous : en 1681, les Mandchous régnaient sans partage sur l'ensemble de la Chine à laquelle, en 1683, ils annexèrent Taiwan, après en avoir chassé les descendants de Coxinga. Non seulement le Sud était reconquis, mais le territoire national s'agrandissait.

La carrière politique de Li Guangdi s'éleva dès lors à la hauteur des services qu'il avait rendus – les jalousies, les accusations légitimes, les cabales assassines et les calomnies aussi. Mais Kangxi n'en eut jamais cure et garda sa faveur à son talentueux grand secrétaire : en toutes choses, Kangxi montrait de la suite dans les idées et n'agissait qu'après avoir pesé le pour et le contre. Quand Li Guangdi mourut (1718), l'empereur rédigea, à sa mémoire, une inscription demeurée célèbre, qui est aussi une belle définition de l'amitié : « Nous seul te connaissions aussi bien, toi seul Nous connaissais aussi profondément. »

Geste émouvant qui ne saurait, cependant, faire oublier au prix de quels terribles massacres s'étaient accomplis l'écrasement des Ming du Sud et la pacification du Jiangnan. Kangxi lui-même en prit conscience, en 1679. Cette année-là, un tremblement de terre ébranla Pékin, puis un incendie ravagea le palais. Le Ciel disait son mécontentement. L'empereur s'en fut se prosterner au tombeau du dernier des Ming et présenta des excuses, rappelant, une fois encore, qu'il n'avait fait qu'obéir au peuple et tenter de mettre un terme aux exactions des brigands. Dans les faits, pourtant, il ne changea rien à sa politique de reconquête du Sud – le pouvait-il, sans risquer de perdre son trône ?

ACTION CULTURELLE

Bientôt, on vit pourtant que l'empereur avait évolué en profondeur. Taiwan à peine annexée (1683), voici que Kangxi se tourna vers des terrains où personne ne l'attendait : l'action culturelle et la consolidation des pures valeurs chinoises.

Il fit d'abord rédiger une version nouvelle des *Treize Classiques*, formant le corpus de base de tout l'enseignement scolaire, en y adjoignant les commentaires d'un vénérable philologue et historien des Tang, Kong Yingda (574-648). Dans le même mouvement, il activa la rédaction de l'*Histoire des Ming* (achevée au début du XVIIIe siècle). En 1711, il ordonna la publication d'un grand répertoire de citations littéraires, classées par ordre des rimes, le *Peiwen yunfu*. Enfin, l'activité lexicographique et encyclopédique qu'il avait initiée culmina quand parut, en 1716, le *Grand dictionnaire de l'ère Kangxi* (*Kangxi cidian*).

Comment on devient un sage

Il faudra attendre le XXe siècle pour que l'on écrive l'*Histoire des Qing*, conformément à la tradition de l'historiographie officielle chinoise : c'est donc à la République qu'en incomba la tâche. Mais les Occidentaux contemporains de Kangxi brossèrent de lui, déjà de son vivant, un portrait plutôt flatteur. Outre qu'ils lui rendaient grâces, comme les Chinois, d'avoir su réduire l'influence politique des eunuques détestés, ils encensaient l'homme qui, sensible aux arguments inlassables du père Bouvet, finit par accepter d'engager une sorte de correspondance académique avec Louis XIV. Au milieu des querelles philosophiques et religieuses qui secouèrent l'Europe aux XVIIe et XVIIIe siècles, Kangxi et son image contribuèrent ainsi, et bien malgré eux, à fournir les arguments les plus divers, tant aux fidèles qu'aux ennemis de l'Église.

Depuis la fin du XVIIe siècle, le parangon du « sage chinois », à la Sorbonne et dans les salons parisiens, ce fut lui. Qui aurait pu remarquer que ce sage chinois, de fait, était mandchou ? Le détail n'a pourtant rien d'anodin : il est très vraisemblable qu'un Han bon confucéen – à moins qu'il ne fût emporté par une conviction intime et ne se convertît – aurait toujours montré plus de réserve que l'habile Mandchou, à l'affût de toutes les formes de civilisation qu'il ne connaissait pas et qui pouvaient servir, à moins qu'il ne soit urgent de les combattre.

Pour les jésuites, le passage des Ming aux Qing s'était traduit par des espoirs déçus, des difficultés sans nombre, mais aussi par une accumulation d'expériences sans précédent et par de nouvelles perspectives.

La conversion de plusieurs familles de dignitaires, de princes, de princesses ou de ministres de la fin des Ming (comme Paul Xu Guangqi) avait un temps encouragé les jésuites et leur avait fait croire à l'aboutissement rapide et total de leur mission. Ces succès étaient-ils surtout à mettre au crédit de la crise morale qui accompagne par la force des choses une fin de dynastie ? En tout cas, ces espoirs s'étaient flétris et causèrent la fureur des factions chinoises et mandchoues pro-chinoises chez les nouveaux dirigeants de l'Empire. Le génie des jésuites, dans une situation qui, plus d'une fois, mit les individus en dangereuse posture, fut alors de tourner le dos aux décevants Ming du Sud et d'embrasser ouvertement sa cause dès que le jeune Kangxi prit le pouvoir personnellement.

Kangxi devait s'y montrer sensible, jugeant heureux de suivre, sur ce point – notamment dans l'affaire du calendrier –, une politique différente de celle de ses régents. Par ailleurs, les difficultés qu'il rencontrait à s'imposer au Jiangnan l'engageaient à ne négliger aucun savoir-faire. Or celui des jésuites, bons ingénieurs et excellents artificiers, était grand. En bref, il n'est pas sûr que Kangxi entendît jamais vraiment la bonne parole, mais il appréciait la portée et la précision des canons occidentaux. À l'inverse, des conversions sincères se produisaient parfois là où personne ne les attendait : en 1682, un lettré, peintre et poète éminent nommé Wu Li (1632-1718) se fit baptiser. Il quitta la vie mondaine pour entrer dans la compagnie de Jésus (1682), puis y être ordonné prêtre (1688). De ce jour, il n'eut plus le temps de peindre, mais continua d'écrire des vers émouvants où visions mystiques chrétiennes et chinoises se conjuguent harmonieusement : « Au-delà du passé, au-delà du présent, les Trois Personnes sont Une. Comme autrefois, les six directions aujourd'hui ont un Seigneur suprême ! »

Enfin, les catholiques romains se trouvèrent associés à la politique extérieure du souverain lors du traité de Nertchinsk (1689), qui régla les délicates, et récurrentes, questions de frontière entre la Chine et la Russie orientale. Kangxi fit appel aux jésuites, que leur stature internationale poussait à être polyglottes, pour servir de négociateurs et interprètes. Le père Gerbillon et ses amis firent alors promptement savoir en Europe qu'au terme du nouvel accord – et grâce à eux, les soldats de Dieu – le fleuve Amour (Heilongjiang pour les Chinois) restait placé sous l'autorité du fils du Ciel. Kangxi, dans l'affaire, ne visait qu'à freiner l'expansion russe dans une partie de l'Asie qu'il convoitait aussi. Mais, plaçant des barrières pour contenir les Russes, il contrait sans le savoir l'influence de l'orthodoxie. Les religieux catholiques, à vrai dire, s'en réjouirent un peu vite.

Kangxi n'avait qu'un objectif : sa propre grandeur et celle de l'Empire. Qui pouvait l'aider en ce sens était bien accueilli, quel qu'il soit ; qui le gênait – comme les Mongols contre lesquels il reprit en 1696 la politique répressive des Ming – se voyait impitoyablement banni. Tant que les missionnaires le servirent, Kangxi les protégea et se montra même attentif à leur plaire. Mais il devint suspicieux quand il apprit que Rome exigeait des chrétiens chinois qu'ils ne suivent pas les « rites chinois », c'est-à-dire les rites confucéens. Et Kangxi, agacé par ces prétentions, finalement se fâcha : en 1721, il chassa purement et simplement Mezzabarba, le légat du pape venu porter les dernières exhortations pontificales en la matière. Ainsi le « sage chinois » dont les jésuites et les libres penseurs européens avaient tant vénéré l'image prit tout à coup, et selon un jugement aussi peu fondé, le visage de celui que Montesquieu appela un « despote oriental ».

Pour les Chinois, il était surtout celui qui, plus qu'aucun autre empereur, avait montré un intérêt constant, actif et éclairé pour la base de toute vie : l'agriculture. Kangxi était même fort savant en la matière : il écrivit un traité sur les céréales, un autre sur l'extermination des sauterelles et fit publier (la gravure des planches illustrées commença en 1696) la nouvelle édition d'un grand *Recueil illustré d'agriculture et de sériciculture* (le *Genzhitu*, dont la première rédaction remontait au XIIe siècle), qui devait continuer à faire autorité jusqu'au XXe siècle.

On dit même qu'il découvrit dans les jardins impériaux une variété de riz précoce et robuste qu'il trouvait très intéressante car elle poussait loin vers le nord, même à Chengde, dans les terres d'origine des Mandchous. Il tenta son acclimatation également en Chine du Sud et ne cessa jamais de chercher, par tous les moyens, diverses variétés permettant facilement deux récoltes dans l'année, afin de mieux nourrir le peuple.

À la fin de 1722 enfin, Kangxi, après soixante ans d'un règne d'une inlassable activité, sentit ses forces l'abandonner. Pour couper court, tant aux cabales qui avaient marqué son enfance qu'aux terribles courses au pouvoir dont il sentait déjà la tension latente autour de ses nombreux héritiers, il désigna son successeur : son choix se porta sur son quatrième fils – il en avait une quinzaine. Comme les autres souverains depuis le début des Ming, ce dernier passa à la postérité sous le nom d'ère de son règne : Yongzheng.

Les mauvaises langues suggèrent aujourd'hui – avec quelques bonnes archives à l'appui – que Kangxi n'aurait pas imposé Yongzheng uniquement en reconnaissance de sa capacité à gouverner, mais parce qu'il était le père d'un jeune adolescent (né en 1711) dont le vieux souverain avait perçu les qualités exceptionnelles, confirmées par des horoscopes étonnamment favorables : le futur Qianlong. En somme, Kangxi aurait nommé deux héritiers présomptifs : le vrai, qui avait besoin de grandir, et celui qui exercerait l'intérim.

L'EMPEREUR YONGZHENG

Avec le recul, Yongzheng paraît ainsi avoir traversé le ciel impérial comme un météore, la mort l'enlevant au bout de treize ans (1723-1735) seulement, alors que Kangxi, lui, avait donc régné soixante ans et qu'il devait en être de même pour son petit-fils, Qianlong (reg. 1736-1796). De là à en tirer des symboles, ou la raison d'un oubli injuste, il n'y a qu'un pas que la mémoire collective franchit parfois. Et pourtant, la réalité est bien simple : quand il hérita de l'Empire, Yongzheng avait quarante-cinq ans. Quelle qu'elle fût, la longueur de son règne ne pouvait égaler celle de son père. De plus, il mourut à cinquante-huit ans, sans atteindre la soixantaine considérée, dans la tradition chinoise, comme la durée « normale » de la vie : une longévité que nombre de lettrés et de personnes vivant dans de bonnes conditions dépassaient facilement, mais que le commun des mortels désespérait souvent d'atteindre.

Ainsi, Yongzheng régna le temps moyen que sa propre chronologie lui laissait espérer. Et il fut rien moins qu'un intermède entre deux souverains infatigables et indéracinables. Il exerça ce pouvoir qu'il aimait tant d'une poigne de fer et à telle enseigne que, déjà de son vivant, les accusations fusèrent d'avoir purement et simplement usurpé le trône, écartant ses frères plus âgés et mieux placés. Il est bien connu que seul un des plus jeunes – le treizième fils de Kangxi –, Yunxiang (1686-1730), trouvait grâce à ses yeux, parce qu'il se montrait docile, fidèle, attentionné, et parce qu'une réelle affection liait les deux hommes. Le moins qu'on puisse dire est que Yongzheng, qui se dévoua pourtant corps et âme à sa tâche, ne fit pas l'unanimité chez ses collaborateurs.

Les récents dépouillements d'archives éclairent peu à peu sa psychologie. C'était une personnalité forte, mais angoissée, enfermée dans un réseau de convictions et de croyances plus ou moins superstitieuses, un personnage tenaillé par la méfiance et qui se laissait emporter par de violentes colères. Il redoutait comme la peste les factions et cabales que ne manquaient pas d'encourager, à l'occasion, les administrations et divers groupes de pression puissants à la cour. La bureaucratie officielle lui inspirait même une telle défiance qu'il finit par nourrir l'obsession de la court-circuiter, faisant traiter, en secret, les affaires par des éminences grises, des hommes liges dont il était sûr qu'ils ne le trahiraient pas. Ce gouvernement par le secret avait tout pour exaspérer les grands commis de l'État et certains n'hésitèrent pas à l'écrire. Ainsi fit Lü Liuliang, qui répandit un libelle dénonçant les nombreux crimes, parmi les plus odieux – fratricides et même un parricide –, qui jalonnaient à ses yeux l'ascension de Yongzheng.

L'affaire aurait pu rester ignorée, hors d'un cercle très étroit, si Yongzheng, fou furieux, n'avait persécuté sans mesure la famille de l'effronté et, surtout, rédigé de sa main une réfutation tatillonne de tous les griefs portés contre lui. Plus grave encore : il exigea que cette réfutation fût soumise, pour approbation et adhésion, à tous les lettrés de l'Empire. C'est ainsi que de petits fonctionnaires provinciaux, vivant à mille lieues du soleil impérial et qui n'auraient jamais imaginé de telles horreurs, apprirent par la voie hiérarchique que l'empereur, pour certains, était un « usurpateur fratricide, sans doute parricide et, en tous cas, cupide, cruel et débauché ».

À l'inverse de Kangxi, Yongzheng eut aussi, dès le XVIIIe siècle, mauvaise presse chez les Occidentaux : les dévots ne lui pardonnèrent jamais de s'être aligné sur la politique de la fin du règne de Kangxi et d'avoir réitéré les interdictions de la prédication chrétienne, tout en ordonnant derechef l'expulsion des missionnaires (il leur reprochait d'avoir embrassé le parti de ses adversaires) – à l'exclusion des savants dont les talents pouvaient utilement servir l'Empire.

Les historiens chinois contemporains, cependant, ne risquant plus les terribles foudres impériales, accordent volontiers à Yongzheng des mérites dont ses proches contemporains virent surtout les inconvénients. Le premier de ces mérites est la fermeté. Il en fallait indéniablement pour mettre un peu d'ordre, indispensable, dans une fiscalité et dans une économie que son père, en fin de vie, n'avait plus contrôlées.

Comme Yongzheng connaissait la valeur de l'information, il voulait être bien renseigné par des hommes sûrs : il multiplia donc les mémoires secrets, selon un procédé déjà courant. Mais, alors que Kangxi n'eut jamais qu'une centaine d'honorables correspondants, Yongzheng, lui, en recruta plus de mille trois cents. Le chiffre, aussi énorme qu'il puisse paraître, n'a rien d'invraisemblable : il faut le rapporter à l'immensité et à la complexité économique et politique de l'Empire. De plus, les archivistes ont répertorié plus de trente-cinq mille documents apostillés de sa main, dont il avait donc pris connaissance personnellement (ce qui fait une moyenne, sur treize ans, de sept rapports par jour !). Assurément Yongzheng, comme Kangxi, était un travailleur boulimique.

C'est ce qui lui permit d'intervenir parfois très loin de la capitale et de rappeler ainsi, comme l'avait fait son père et comme le fera son fils, la toute-puissante compétence ainsi que la constante et nécessaire présence de l'État. En 1727, il manifesta, par exemple, beaucoup d'humeur contre les gouverneurs du Guangdong et du Guangxi, qui furent bien surpris de voir l'empereur mettre le nez dans leurs affaires : il venait d'apprendre que les responsables locaux et leurs collaborateurs favorisaient l'importation de grandes quantités de riz qu'ils faisaient acheter en Annam et au Siam. Renseignements pris, l'empereur découvrit que la situation était telle parce que les propriétaires des régions concernées donnaient de moins en moins de terre à la culture du riz, préférant développer d'autres activités qui échappaient aux prix imposés et aux réquisitions de l'administration. Bien des rizières avaient ainsi été transformées en étangs pour la pisciculture ou en champs de canne à sucre : autant de denrées qui échappaient, partiellement ou totalement, aux réquisitions de l'État. Quant aux terres à blé, on y plantait des mûriers, pour nourrir des myriades de vers à soie – la sériciculture, et notamment son commerce avec l'étranger, était en pleine expansion –, ou encore des arbres fruitiers : au Jiangnan, on savait déjà confire les fruits pour les conserver presque indéfiniment dès le IVe siècle avant notre ère. Oranges et mandarines confites constituaient, elles aussi, la matière d'un excellent commerce.

Yongzheng, attaché à la lettre des principes confucéens, rappela donc que le riz et les céréales représentent la base de toute alimentation, la seule qui soit nécessaire à la vie, et que tout le reste n'est que gourmandise ou luxe accessoire, source d'une évasion monétaire intolérable.

Mais, en 1736, Yongzheng, au soulagement indéniable d'une partie de l'administration, s'en fut rejoindre ses ancêtres. Qianlong lui succéda : Kangxi gagnait enfin, à titre posthume, sa partie de billard dynastique.

L'EMPEREUR QIANLONG

Est-ce vraiment un paradoxe que de présenter d'abord un empereur en la personne qu'il souhaita, par-dessus tout, incarner : un protecteur éclairé des lettres ? Si le terme comporte en chinois, comme dans les autres langues, une connotation rhétorique, son sens global déborde largement les limites du mot français. Le *wen* chinois va bien au-delà des « belles-lettres » et englobe tout le champ du savoir ; celui-ci, en contrepoint, n'existe que dans la mesure où s'emploient, s'écrivent et se comprennent les « mots pour le dire ». Il ne faut donc pas s'étonner que Qianlong soit le poète le plus fécond d'une tradition lyrique chinoise pourtant longue – les anthologies regroupent quatre mille poèmes tracés de son précieux pinceau –, tout comme il est l'inspirateur et le commanditaire de la plus vaste encyclopédie – une spécialité nationale – que la Chine ait jamais connue.

UNE BIBLIOTHÈQUE IDÉALE

Fondée sur une collecte que l'empereur lança dès 1741 afin de rassembler matériaux littéraires et textes anciens, l'*Encyclopédie des quatre catégories* (*Siku quanshu*) nécessita le travail de trois cent soixante lettrés. Une fois la matière ramassée, ils œuvrèrent pendant dix ans (1772-1782) à collationner les textes, vérifier la transcription correcte des œuvres – certaine oubliées, voire jamais publiées – et surveiller le travail des quinze mille copistes attelés à la calligraphie. Cette énorme Encyclopédie devait rester en effet manuscrite – recopiée en sept exemplaires –, car elle était beaucoup trop volumineuse pour faire l'objet d'une édition imprimée, même en ayant recours au système de la xylogravure, habituel en Chine et peu coûteux.

Pourtant, et telle qu'elle se présente ainsi, calligraphiée ou finalement imprimée – seulement au XXe siècle –, cette *Encyclopédie des quatre catégories* rendit et rend encore d'immenses services. Rassemblant de manière quasi exhaustive textes et fragments de textes antérieurs à 1770, elle sauva de la destruction bien des œuvres dont les originaux disparurent, emportés au fil des graves troubles qui secouèrent la Chine, de la révolte des Taiping (1850) à la tourmente des gardes rouges (1966-1976). Les lettrés de tous les pays en rendent grâces, aujourd'hui comme hier, à l'empereur Qianlong.

Ce n'est pas le fruit du hasard. Qianlong aima passionnément faire et refaire l'inventaire de son Empire, toujours émerveillé de ses beautés : en 1746 – un exemple parmi beaucoup d'autres –, il commanda un *Plan général de la capitale*. Quatre ans plus tard (1751), les peintres du palais lui présentaient, dans le style descriptif et minutieux qu'il appréciait, un majestueux ensemble de cinquante et un rouleaux où demeures et jardins élégants s'ouvrent comme des fleurs dans la grisaille atone des quartiers populaires plus simplement esquissés.

Qianlong aimait ces images de bonheur, comme il appréciait aussi celle de ses cortèges, de ses chasses, de ses chevaux et même de ses chiens favoris, dont le célèbre père Castiglione – l'un des pères-peintres qui travaillaient aux ateliers du palais – lui fit la surprise vers 1750. Il aimait également les réalisations étourdissantes de ses missionnaires – architectes et missionnaires – jardiniers. Sur le terrain qu'il leur affecta, au palais d'Été de Pékin, ils lui bâtirent une incroyable résidence italianisante, en pierre de taille, avec tours de fenêtres et escaliers baroques, rocailles, fontaines et jardins de broderies végétales rythmées par des conifères en topiaire. Qui connaît le climat régnant en Chine du Nord – trop sec au printemps, trop chaud en été, trop froid en hiver – ne peut qu'admirer les trésors d'invention dépensés pour faire venir l'eau, acclimater des plantes européennes – essentiellement des graminées – et les marier en massifs élégants avec les chinoises. Aujourd'hui, il n'en reste que des ombres auxquelles les conservateurs du musée du Palais et un groupe d'architectes et d'archéologues européens essayent de redonner vie : c'est ce palais d'Été-là que les troupes britanniques et françaises saccagèrent en 1860, en représailles de la mort de plusieurs de leurs camarades.

Qianlong appréciait sincèrement ce genre d'œuvres, assemblant les contraires d'une manière volontiers paradoxale, et cette passion ne saurait se réduire à une simple manie exotique. Comme son grand-père Kangxi, et comme les premiers prêtres qui avaient découvert l'immensité de l'espace chinois au XVIIe siècle, Qianlong voulait affirmer la diversité dont l'Empire, à ses yeux, devait assurer l'heureuse symbiose. C'était là sa légitimation. Car Qianlong, le plus célèbre, en Occident, des empereurs « chinois », se voulait au-dessus des nationalités, s'affirmant fédérateur, créateur d'une synthèse nouvelle, jamais vue.

LES BANNIÈRES

Si Qianlong revendiqua ainsi sa qualité de rassembleur, il veilla pourtant, avec autant d'énergie qu'il en mettait à sauver l'héritage chinois ou à exploiter la technologie des chrétiens, à ce que son peuple des « bannières » ne perdît pas son identité.

Le système des bannières avait été institué pour organiser et contrôler les peuples non chinois vivant de l'élevage et donc ayant besoin de terres de pâturage. La « bannière » était l'organisation de base, groupe d'hommes en armes rassemblés autour d'une oriflamme (il y en avait huit, bordées ou non d'une autre couleur). Plusieurs bannières constituaient une « ligue ». Le système, étendu aux Mongols dès leur soumission en 1691, donnait à chaque non-Chinois, et notamment à chaque Mandchou, conscience d'une souche à laquelle il se rattachait, même de façon toute symbolique. La symbiose telle que la concevait Qianlong impliquait en effet que les différences de culture à culture soient certes dépassées, mais en même temps restent bien marquées, afin de toujours pouvoir jouer leur rôle. C'est ainsi que les femmes mandchoues, par exemple, n'obtinrent jamais – ce dont elles se désespérèrent souvent – l'autorisation de se bander les pieds comme le faisaient les Chinoises. C'était un moyen comme un autre de rappeler leur appartenance aux bannières, au monde de la forêt, de la prairie et du cheval. C'était aussi une manière d'empêcher les mariages interethniques : un Chinois de bonne famille aurait certes pu épouser une Mandchoue bien née, mais jamais une femme aux « grands pieds ».

Du même esprit relevaient aussi ces étés que l'empereur passait régulièrement à Jehol, dans son palais bien nommé : « Où l'on évite la chaleur ». Raison climatique, certes. Mais il y en avait aussi une autre. C'était ici, dans ces terres où le champ le cède à la forêt, où le gibier remplace le riz ou le millet et la silhouette du chasseur celle de l'agriculteur, que Qianlong communiquait avec ses ancêtres et revigorait en lui des vertus que la sédentarité tendait à effacer.

UN EMPEREUR QUI VOIT TOUT

Des vertus, l'empereur, assurément, n'en manquait pas. C'était, comme son père, comme son grand-père, un bourreau de travail. Il porta, par exemple, à son plus haut point d'efficacité le système des audiences, qui lui permirent d'entretenir des rapports brefs mais directs avec une proportion importante de ses fonctionnaires.

Qu'est-ce qu'un mandarin ?

« 1581 : emprunté au portugais mandarin, altération d'après le verbe *mandar*, « mander, ordonner », du malais *mantari*, sanscrit *mantrin*, « conseiller d'État ». Nom donné [par les Occidentaux] à tous les hauts fonctionnaires civils et militaires de l'Empire chinois. »

« Mandarinat (1732) : 1. Charge, dignité de mandarin ; corps des mandarins. 2. Système d'épreuves, de concours pour accéder à la dignité de mandarin. »

Cf. le Grand Robert.

Tous, jusqu'au sixième rang inclus (en descendant une hiérarchie qui en comportait neuf), se voyaient un jour ou l'autre reçus par l'empereur qui, leur fiche personnelle en main, n'hésitait pas à y noter ses sentiments vis-à-vis de l'un ou l'autre. Ce contact direct renseignait le souverain sur la réalité humaine de son administration ; il décuplait aussi, chez les fonctionnaires, le goût du service et la loyauté au maître. Le système, finalement, constituait l'excellent support d'un absolutisme qui se voulait vertueux, humain et rationnel. Une curieuse affaire, récemment étudiée grâce à de nouveaux dépouillements d'archives, montre bien comment l'autorité sous-jacente mais appuyée de l'empereur et de ses hommes pouvait à l'occasion ériger un rempart contre l'irruption d'un irrationnel dangereux, au sein de groupes sociaux vivant dans des conditions simples, voire difficiles.

L'histoire secoua le Zhejiang en 1768. Le bruit courut alors qu'une armée de voleurs d'âmes infestait la région : des sortes de vampires qui ne buvaient pas le sang de leurs victimes, mais s'appropriaient leurs souffles, et donc leur vie, en ce monde et même en l'autre. La rumeur prêtait aux sorciers mille stratagèmes, mais l'un revenait comme un leitmotiv : les voleurs coupaient subrepticement l'extrémité de la natte des hommes puis pratiquaient sur ce support les incantations maléfiques qui aboutissaient à la capture de l'âme. La question devint si sérieuse que partout les tribunaux, réunis à l'occasion de la session de printemps, croulèrent sous les procès intentés pour magie noire. Et le drame culmina le 21 juin quand la foule d'une petite ville lyncha un prétendu sorcier, coupeur et ensorceleur de « queues de cochon », puis brûla son cadavre. Un drame fascinant par son étrangeté, mais aussi un drame ordinaire, fruit amer d'une psychose collective difficile à comprendre et, plus encore, à maîtriser. C'est aussi, à nos yeux, un superbe cas d'école, illustrant bien les rapports complexes liant, au sein de l'administration, l'empereur au sous-préfet.

Dans les lieux mêmes où se passaient les faits, et dans les prétoires locaux, les magistrats se montrèrent généralement, comme les y autorisait le droit chinois, beaucoup plus sévères à l'égard des plaignants – ceux qui se prétendaient dépouillés de leur âme – qu'à l'égard des accusés. Deux raisons les poussaient en ce sens : un agnosticisme profond, intrinsèquement hostile à ces délires porteurs de tous les désordres, et aussi la vive crainte que ces comportements, mal perçus dans le milieu lettré, vinssent à être connus au-delà des limites de leur circonscription. Si cela se produisait, l'administration supérieure ne manquerait pas de voir dans cette hystérie collective l'effet d'un mauvais gouvernement, et les fonctionnaires locaux risquaient fort d'être sanctionnés et mutés. Tel fut bien finalement le sens de l'intervention discrète mais ferme de l'empereur. Lorsqu'il apprit l'affaire, il pesa pour que l'insubordination cessât : non seulement celle des pauvres crédules qui affolaient les foules, mais aussi celle de ses fonctionnaires, qui cherchaient comme d'habitude à lui cacher les problèmes, afin de pouvoir mieux les résoudre à leur seule manière – ou les oublier –, sans en référer à l'autorité hiérarchique. La même implication directe des acteurs du pouvoir inspira la politique de Qianlong aux frontières. Oubliera-t-on que Qianlong fut celui par qui le Tibet se trouva officiellement, et définitivement jusqu'à nos jours, placé sous la coupe de la Chine (1751) ? La Dzoungarie suivit quelques années plus tard (1757), puis le Xinjiang (1759). Ainsi, la Chine retrouvait l'ampleur et les ouvertures vers l'Occident qui lui manquaient de temps immémorial : un millénaire. À l'activité commerciale des ports et des provinces de la côte orientale correspondit à nouveau une présence politique et militaire forte sur les glacis occidentaux. Plus que la fermeture pure et simple du pays, souvent mise en avant par les voyageurs étrangers qui en subissaient les indéniables et exaspérantes rigueurs, le gouvernement chinois s'assurait ainsi la maîtrise de l'accueil ou du refus de l'étranger, qu'il vienne par mer ou par terre.

FIN DE RÈGNE

Qianlong, pourtant, régna-t-il trop longtemps et faut-il considérer comme une malédiction une longévité (quatre-vingt-cinq ans) notable pour l'époque, bien qu'elle ne fût pas exceptionnelle ? Les voyageurs et diplomates occidentaux qui étaient ses contemporains donnèrent de lui une image surannée et fragile, un tantinet ridicule : en l'espace d'une ou deux générations, voici que le « sage chinois » dont les jésuites, admirateurs de Kangxi puis de Qianlong jeune, avaient dressé le portrait cédait la place au despote archaïque, vaniteux et hypocrite. L'ambassadeur britannique McCartney et son secrétaire John Barrow – auteur à succès d'un *Voyage en Chine* (première édition française, Paris, 1805), que devaient lire notamment Karl Marx et Max Weber, puis des célébrissimes *Révoltés du Bounty* (1831) – avaient dit tout crûment ce qu'ils voyaient de l'extérieur, sans s'embarrasser de subtilités psycho-sociologiques comme le faisaient les pères jésuites.

Ils racontèrent avoir rencontré un empereur très vieillissant, qui leur parut, comme le gouvernement qui l'entourait, soucieux d'abord d'un rituel à la fois ennuyeux, désuet et rassurant où alternaient cérémonies, longues sorties en cortège, divertissements infantiles. On peut épiloguer sans fin sur la validité de ces jugements à l'emporte-pièce. Il n'en reste pas moins qu'ils légitimèrent, aux yeux des Européens, des séries d'interventions de plus en plus musclées. Ils posent aussi une question primordiale : quel était l'impact de ce gouvernement-là sur le pays ?

Comme on peut l'imaginer, les apparences – mais ne sont-elles que cela ? – demeuraient splendides. Elles culminèrent en 1790, lors des fêtes qui marquèrent la 55e année du règne en même temps que le 80e anniversaire de l'empereur. Chaque province dépêcha à Pékin ses meilleures troupes de théâtre : de la confrontation qui en résulta, devant la silhouette frêle du vieux souverain, passionné et ravi, devaient naître, au XIXe siècle, les fameux opéras de Pékin. La réussite, cependant, ne valorisait pas seulement le monde des arts : deux ans plus tard, en 1792, l'armée chinoise obligeait le Népal à se reconnaître tributaire de la Chine.

Et pourtant ! l'année même où McCartney se présentait (1793) avec ses présents merveilleux et incongrus – dont un carrosse, très bien suspendu mais qui ne pouvait rouler en Chine faute de routes adéquates –, la secte du Lotus blanc, active une fois de plus malgré les interdictions, lança une violente insurrection dans l'Anhui, province pauvre où les effets des dépressions économiques se font presque toujours sentir plus tôt qu'ailleurs. Trois ans encore, et l'éblouissant Qianlong, devenu l'ombre de lui-même, disparaissait. L'Empire, comme s'il n'avait pas voulu gâcher prématurément la fin d'un règne béni du Ciel, se mit alors à bouger.

L'EMPEREUR JIAQING

En 1797, la vallée de la Han, au milieu de la Grande Plaine centrale, et celle de la Wei, autour de Xi'an, s'enflammèrent. L'empereur Jiaqing (reg. 1796-1820) et son gouvernement prirent bien leur temps avant de réagir. Ce n'était pas faute d'informations : la poste impériale des Qing fut, au XVIIIe siècle, peut-être la meilleure du monde, de l'observation même des voyageurs étrangers ;

elle assurait indéniablement et pour une large part la cohésion de l'État et la rapidité d'action du gouvernement. Mais existait-il une solution aux problèmes qui se posaient maintenant ?

Qianlong n'était pas mort depuis dix ans que les régions bordières de l'Empire commençaient à s'en dissocier, comme les Miao du Guizhou, par exemple – que Qianlong avait déjà durement fait rentrer dans le droit chemin trente ans plus tôt (1775). Les côtes, plus infestées de pirates que jamais, recevaient des visites étrangères de plus en plus nombreuses. En 1806, les vaisseaux russes de l'amiral balte von Krusenstern se présentèrent à Canton, insistant pour y faire du commerce. En 1808, ce fut le tour de la flotte de l'amiral anglais Drury ; ses navires venaient de subir des avanies en Annam, où les autorités avaient refusé tout autant sa cargaison d'opium que les missionnaires qu'il comptait débarquer. Les Chinois ne se montrant pas plus ouverts, et craignant pour la sécurité de ses bâtiments, Drury quitta très vite les eaux peu sûres de Canton. Voyant ces étrangers indésirables se retirer spontanément, les autorités chinoises exultèrent. Sans doute ne concevaient-elles ni le retour probable des intrus, ni l'apparition d'un fait culturel nouveau, bien qu'encore diffus : un divorce profond entre Chinois et Mandchous, une sorte d'impossibilité à poursuivre politiquement une greffe qui avait par ailleurs assez bien réussi sur le plan culturel. Mais les élites dirigeantes pouvaient-elles vraiment le comprendre ?

Il est facile, après coup, de voir des engrenages et d'y trouver des déterminismes.

Lettre de Zheng Banqiao (1693-1765)
à son frère cadet

« À mon avis, dans le monde, la première classe sociale ne peut être que celle des paysans... S'il n'y avait pas de paysans sur terre, tout le monde mourrait de faim. Nous autres, les lettrés, si nous étions des fils pieux à la maison, des cadres respectueux au-dehors, si nous restions fidèles au passé pour en transmettre les leçons à la postérité, si, en cas de succès dans la carrière, nous dispensions nos bienfaits au peuple ou si, en cas d'échec, nous travaillions à faire de notre propre personne un modèle pour le monde, alors nous occuperions un rang plus élevé que les paysans. Mais la réalité est aujourd'hui tout autre. Dès que l'on tient un livre dans ses mains, on songe... à devenir fonctionnaire. On se demande comment rafler de l'argent, construire de grandes maisons, acheter d'immenses domaines... Ceux qui ne parviennent pas aux honneurs commettent leurs méfaits dans les villages et les hameaux : la mine chafouine et le museau pointu, ils sont encore pires que les autres. Des hommes qui s'imposent une discipline et aient le respect d'eux-mêmes, bien sûr il en existe aussi... Mais parce que les mauvais compromettent les bons, il n'est plus possible aux hommes de notre classe de faire entendre leur voix... »

Jean-Pierre Diény (éd. et trad.), *Zheng Banqiao : lettres familiales*, Fougères, Encre marine, 1996, lettre X.

Dans le flot de la vie, au sein d'une société qui n'est pas habituée à réfléchir sur la théorie des jeux ou celle des catastrophes, événements et faits sociaux peuvent souvent apparaître pour le contraire de ce qu'ils vont devenir. Il faut prendre la mesure des événements en leur temps, et non au nôtre. En se fondant sur ce qui s'est passé après, beaucoup plus tard, ou même simplement à la fin du règne de Qianlong, les historiens, souvent, brouillent les cartes, montant en épingle, dès le milieu du XVIIIe siècle, les facteurs d'une évolution qui ne s'est faite vraiment qu'au XIXe. C'est en ce sens que l'on interprète, par exemple, et après coup, la constitution (1761) de la société secrète – révolutionnaire par essence – du Ciel et de la Terre (*Tiandihui*), puis les soulèvements survenus au Hubei et au Sichuan en 1769. Bien malin qui, à l'époque, aurait pu y lire à coup sûr, avec un bon demi-siècle d'avance, les prémices d'une « révolte de fin de dynastie ».

PARADOXES DÉMOGRAPHIQUES

Prenez un autre exemple, celui de la démographie : en l'occurrence, ce que nous interprétons, nous, comme une vague de natalité galopante. À l'époque, et selon les vieux principes confucéens, elle pouvait indiquer, aussi et surtout, que le gouvernement jouait pleinement son rôle puisque la population s'accroissait. De plus, le phénomène n'était pas nouveau : les travaux récents font remonter au début des Qing, et même sous les Ming, l'explosion de la population. Celle-ci, en outre, avait pu être endiguée grâce à des solutions jugées d'autant meilleures qu'elles enrichissaient le pays : la colonisation de Taiwan par exemple. Essaimant à la périphérie de l'Empire, tout en gardant de forts liens économiques et rituels avec leurs villages d'origine, ces colons et émigrés d'« outre-mer » étendaient judicieusement la présence chinoise hors de Chine, et cela sans coup férir, sans dol pour les peuples voisins – du moins les Chinois pouvaient-ils le percevoir ainsi.

DIFFICULTÉS ADMINISTRATIVES

Un autre élément, souvent désigné comme facteur évident de la décomposition de l'Empire, est la nature d'une administration promptement étiquetée comme incapable, bien que tentaculaire. Ici encore, des travaux récents, fondés sur le dépouillement d'archives inaccessibles il y a encore dix ans, révèlent une situation bien souvent contraire : l'administration aurait périclité faute de fonctionnaires. Le nombre de ceux-ci, en effet, restait à peu près le même qu'à l'époque des Song, alors que la population était passée de 100 millions d'habitants à 300 millions. Les fonctionnaires officiellement nommés ne pouvaient, dans ces conditions, venir à bout des multiples tâches qui leur incombaient ; il leur fallait se faire aider.

Ils embauchaient ainsi une foule de vacataires locaux qu'ils payaient sur leurs propres deniers, l'État se montrant par principe hostile à toute création de postes dont la multiplication avait toujours été considérée comme un mal par les gouvernements successifs. Mais le salaire d'un fonctionnaire, calculé seulement pour entretenir, dignement et sans luxe tapageur, la famille du titulaire, n'autorisait en rien ces dépenses. Il fallait donc trouver l'argent autrement.

Encore à propos des mandarins

« – Les mandarins gouvernaient-ils la Chine prémoderne ?

– Leur nom l'indique.

– Mais leur nombre ? Quelque vingt mille fonctionnaires civils, pour la plupart à Pékin, dans les capitales provinciales ou sur les routes ; 400 millions de sujets environ à la fin du XIXe siècle, lorsque le système a été abandonné : les mandarins gouvernaient beaucoup, ou alors les Chinois étaient bien peu gouvernés...

– On le dit parfois. Mais n'oubliez pas que la fonction publique venue d'en haut coiffait une administration locale qui descendait jusqu'aux quartiers des villes, jusqu'aux villages. Ainsi l'État Qing a-t-il pu encadrer la très forte progression démographique du XVIIIe siècle sans augmenter le nombre des fonctionnaires en proportion... N'oubliez pas non plus les nombreux "satellites" qui gravitaient autour de la bureaucratie...

– Réputation détestable, mais rôle essentiel... J'y ajouterais les amis personnels des fonctionnaires en titre... Les réseaux de relations personnelles palliaient les lacunes de la construction bureaucratique : belle illustration du pragmatisme d'un gouvernement "par les hommes" aux dépens du systématisme d'un "gouvernement par la loi"... »

Yves Chevrier, « Ouverture en forme de dialogue », *Études chinoises*, vol. IX, n° 2, automne 1990, p. 7-8.

C'est cet « autrement » qui alimenta la corruption tant décriée et l'embroussaillement progressif de l'administration chinoise à la fin de l'Empire, selon le schéma suivant : un petit personnel subalterne local, non dénué du souci de s'enrichir, propose ses services au fonctionnaire nouvellement installé dans une circonscription qu'en principe il ne connaît pas ; s'il refuse, on lui rend la vie impossible. Le fonctionnaire fait alors vite ses comptes. Pour remplir sa tâche tout en garantissant sa survie, un indispensable train de vie représentatif de sa charge et le paiement des inévitables assistants, il ne lui reste qu'à solliciter habilement ses administrés, priés de lui verser en toute occasion commissions, pots-de-vin et cadeaux divers. Les esprits les plus intègres souffrirent indéniablement de ces coutumes ; mais si l'on en juge par l'interminable course aux charges officielles, âprement poursuivie jusqu'en 1905 – date de l'abolition du système des examens –, le jeu en valait tout de même la chandelle ou, du moins, nombre de familles le croyaient encore.

Il n'en demeure pas moins que, la poste impériale marchant ou non, il s'était créé, dès le règne de Qianlong, une impalpable mais dangereuse distance entre les provinces et le gouvernement. Comme le met très bien en lumière l'étude comparée des documents britanniques et chinois de la mission McCartney, les acteurs, à chaque relais de l'administration – peut-être parce que celle-ci était trop centralisée –, s'arrangeaient pour faire toujours entrer la réalité des faits dans les cadres doctrinaux de l'État.

Il serait sans doute injuste d'affirmer sans autre forme de procès que les fonctionnaires, bercés par leur seul confort physique et intellectuel, ne voyaient pas les choses ou ne voulaient pas en entendre parler. Mais ils les voyaient sous un certain angle, en fonction de concepts normatifs : établis à partir d'une longue expérience, ces derniers s'enracinaient puissamment dans une réflexion déjà fort ancienne sur l'État, le droit et son application ; mais, de ce fait même, ils se trouvaient toujours en retard sur la vie en devenir. Encore une fois, l'évidence n'en apparaissait pas forcément aux contemporains, d'autant moins qu'il n'est pas facile de percevoir les vraies raisons des brutalités qui, d'un niveau et d'une génération à l'autre, se ressemblent.

RÉVOLTES

Lorsqu'en septembre 1813 un magistrat du Henan fit emprisonner un suspect nommé Li Wencheng pour cause de menées subversives, il pensait ordonner une simple opération de police : mettre hors d'état de nuire le chef d'une nouvelle secte, celle de la Raison céleste (*Tianlijiao*), surgeon de la sulfureuse secte du Lotus blanc. Le malheureux officier responsable n'avait certes pas prévu qu'avant la fin du mois il y perdrait personnellement la vie, tandis que les insurgés libéreraient le prisonnier, puis se constitueraient en gouvernement insurrectionnel. Et encore moins que le mouvement gagnerait bientôt tout le Nord-Est chinois (Shandong, Hebei) puis que, la fureur nourrissant la fureur, une foule en armes finirait par marcher sur Pékin et pénétrer dans la Cité interdite.

Quiconque a traversé, ne serait-ce qu'une fois, le Palais impérial, s'étonne de son incroyable invulnérabilité. Comment rebelles et envahisseurs de tout poil ont-ils pu, si facilement et de manière si récurrente, parvenir au pied d'un trône en principe si bien gardé ? Les murs d'enceinte sont hauts, épais, multiples, protégeant des dédales de cours, avenues et ruelles où s'égare aisément quiconque n'est pas un familier des lieux. Des plantons en armes veillaient à chacune des portes des enceintes intérieures. Celles-ci délimitaient des palais, des quartiers, des résidences habitées par des centaines, voire des milliers de personnes. La Cité interdite n'était pas, à l'époque, la belle endormie ou le décor touristique que nous parcourons aujourd'hui. C'était, à elle seule, une ville grouillante, vivant à son rythme propre, dans la capitale tentaculaire.

Il faut bien admettre pourtant que tout ce monde, innombrable, actif, mais cloisonné, compartimenté en cliques et groupes de pouvoir divers, s'égayait au moindre danger, chacun cherchant alors refuge dans ses propres réseaux de protection. Dans ces conditions, l'empereur se retrouvait vite bien seul, sauf s'il montrait lui-même une personnalité très forte garantissant en retour une certaine sûreté à ceux qui tentaient d'assurer la sienne.

Tel n'était sans doute pas le fait de Jiaqing. Une dizaine d'insurgés parvinrent jusqu'à lui, prêts à en découdre ; l'empereur ne dut la vie sauve qu'à la vigueur de son fils (le futur empereur Daoguang) qui les tua de sa main. Mais le retour à l'ordre fut long et difficile. Au sud-est, les provinces maritimes (Fujian, Zhejiang, Guangdong), depuis longtemps entraînées dans un réseau économique international dont la cour concevait mal les tenants et les aboutissants, vivaient, de fait, en état d'insubordination permanente. Jiaqing en comprit-il les raisons avant de mourir sept ans plus tard (1820), en son palais de Jehol, emporté le lendemain même de son arrivée par une attaque que la chaleur et les fatigues du voyage avaient provoquée ? Il avait soixante et un an.

L'EMPEREUR DAOGUANG ET L'OPIUM

Son fils Daoguang (né en 1782 ; reg. 1821-1850) lui succéda. Il avait déjà montré son courage lors des terribles émeutes de 1813. Il lui en fallut plus encore pour attaquer de front la délicate question de l'opium. L'affaire mettait en cause, au-delà de la santé publique, des enjeux internes et internationaux fort complexes.

Un « effet thé » se produisit en effet à ce moment, comme survient parfois, en météorologie, un « effet papillon » – un papillon bat des ailes en Australie et la configuration des nuages se modifie jusqu'à des milliers de kilomètres de là. En termes clairs : si les Britanniques et, derrière eux, les Européens avaient moins aimé et recherché le thé, l'histoire de l'Extrême-Orient au XXe siècle en eût peut-être été changée.

Les thés consommés en Europe au XVIIIe siècle étaient des thés chinois importés par l'East India Company. Le commerce en enrichit tellement cette dernière qu'elle finança la conquête de l'Inde, en prenant soin de compléter, certes, ses propres investissements par un emprunt fait à la couronne britannique. Mais la Compagnie comptait rembourser aisément à la fois l'emprunt et la mise grâce aux gains réalisés dans le cadre d'un commerce triangulaire, ou « d'Inde en Inde », comme on disait à l'époque : depuis le début des années 1780, les Britanniques écoulaient à Canton de grandes quantités de coton brut expédié de Calcutta, ainsi que divers filés indiens. L'argent produit par la vente du coton était aussitôt réinvesti dans l'achat de thé chinois transporté et revendu en Angleterre.

La machine bien huilée se grippa quand les Chinois s'avisèrent des énormes bénéfices ainsi réalisés par les Britanniques. Les économistes patriotes reprirent leurs arguments traditionnels contre les importations de produits étrangers, dénonçant l'évasion monétaire chinoise qui en résultait (finalement le thé, payé avec l'argent donné pour le coton, ne rapportait aucun bénéfice aux finances chinoises).

Ils prônèrent en revanche une politique d'intensification des échanges à l'intérieur de la Chine et ne tardèrent pas à suggérer une parade habile : il suffisait de vendre à Canton le coton bon marché produit en Chine du Nord. Ce coton chinois, transporté par cabotage au long des côtes, revenait moins cher que l'indien. L'idée était bonne : en peu de temps, les ventes de coton indien s'écroulèrent, au grand dam de l'East India Company. Non seulement la Compagnie connut nombre de difficultés pour rembourser son énorme dette, mais il lui manqua même de l'argent pour acheter du thé. De mois en mois, le système s'effritait. Ainsi naquit le projet de vendre massivement de l'opium dont les Chinois usaient à doses mesurées depuis qu'il avait été, dans le cadre du commerce international trans-Pacifique, importé régulièrement d'Amérique : un produit obtenu à partir du pavot, aisé à cultiver en Inde, puis à transporter, et d'un rapport incomparable si l'on savait en favoriser la consommation. Comme on peut l'imaginer, les enjeux, divers et contradictoires, étaient si grands, pour les uns comme pour les autres, qu'ils ne pouvaient conduire qu'à l'affrontement.

L'empereur Daoguang prit la question à bras-le-corps. En décembre 1838, il nomma à Canton un certain Liu Zexu, avec tous pouvoirs pour mettre fin à la contrebande de l'opium. Un mois après, celui-ci demanda donc aux autorités marchandes (les *cohong*) de lui livrer les caisses de drogue conservées dans les entrepôts à quai, tout comme celles composant la cargaison des navires britanniques passant le goulet de l'entrée du port (Humen, la porte du Tigre). Dûment prévenu, le capitaine anglais Charles Elliot, *superintendent* résidant à Macao, s'en vint pour régler le problème. Les discussions commencèrent, interminables : en fait, elles ne pouvaient aboutir, les points de vue étant complètement inconciliables. Après de longues semaines de vaines discussions, d'échanges d'écritures et de finasseries diverses, Liu Zexu finit par sommer Elliot de déposer sur la plage de Humen, sans plus de délai, les caisses du litige : il y en avait au total 20 283 !

Elliot dut s'exécuter. Les caisses furent jetées dans deux grandes fosses de 150 m sur 50 m, puis recouvertes de saumure et de chaux. Il fallut ensuite trois semaines pour dénaturer et finalement brûler ces 2 000 tonnes de drogue dont, en dernier recours, on évacua les restes vers la mer. De plus, et dès lors, tout commerce avec la Grande-Bretagne fut officiellement suspendu.

La réponse de la Compagnie des Indes et de la

couronne britannique ne se fit pas attendre : ce fut la guerre de l'Opium (1840), que les Anglais gagnèrent sans difficulté majeure. Elle marqua non seulement les débuts de l'effondrement des Qing, mais aussi l'avènement d'un nouvel ordre mondial. La victoire britannique matérialisait en effet la réalité de rencontres nouvelles tant par les moyens mis en œuvre que par les hommes qui en étaient les acteurs.

Depuis deux millénaires, les gouvernements chinois successifs s'étaient accommodés ou avaient souffert d'un interminable jeu de bascule entre dominants et dominés, les Han se trouvant alternativement dans une situation ou dans l'autre face aux peuples de la périphérie – ceux que l'on appelle aujourd'hui les « minorités ethniques ».

LES ÉTRANGERS ENTRENT DANS LE JEU

La victoire militaire des Britanniques marqua l'entrée en scène de nouveaux compétiteurs, disposant de l'armement le plus sophistiqué de l'époque et faisant référence à un système de valeurs dont les dirigeants chinois ne connaissaient rien ou presque. Les Européens présents à la cour au XVIIIe siècle – un fait dont les Occidentaux exagèrent souvent la portée tant politique que culturelle – étaient en majorité latins et catholiques. Les vainqueurs de 1840 étaient anglo-saxons et protestants. De plus, le spectre de la faillite les poussait en avant ; autant dire qu'ils étaient mentalement infiniment mieux armés que leurs victimes, et même que leurs prédécesseurs. Ils surent imposer le traité de Nankin (1842), qui leur ouvrit les meilleurs ports chinois, tandis qu'ils commençaient à s'installer en un lieu sublime et sauvage : Hong-Kong. Mais les changements ne faisaient que s'amorcer : deux ans plus tard (1844), les Américains et les Français réclamaient, usant des mêmes pressions militaires, des avantages commerciaux et politiques comparables : la Chine les leur accorda par les traités de Whampoa (autre site de l'estuaire de la rivière des Perles, au fond duquel se trouve Canton).

TROUBLES DE CONSCIENCE

Loin des côtes et des milieux officiels, les sujets de l'Empire, toutes catégories confondues, n'y comprenaient plus rien. Daoguang termina (1850) son règne difficile au moment précis où refaisait surface un sentiment oublié depuis un temps : celui du patriotisme antimandchou. Tous, grands et petits, accusaient la famille régnante de brader la Chine aux étrangers.

Le terrible « royaume céleste de la Grande Paix »

L'année même où mourut l'empereur, les paysans du Guangxi se soulevèrent ; ils allaient, disaient-ils, créer enfin ici-bas le royaume céleste de la Grande Paix (*Taiping tianguo*). Ce fut peut-être la plus folle aventure que la Chine eût jamais connue, une des plus horribles aussi, sorte de rêve éveillé, tournant vite au cauchemar pour les acteurs ordinaires. Des vues sommaires, arrachées au christianisme, s'y fondaient aux vieux courants millénaristes et aux programmes sociaux de la secte du Lotus blanc. Le chef du mouvement, Hong Xiuquan (1813-1864), originaire du Guangdong, se disait inspiré par Jésus-Christ dont il se crut tout particulièrement béni. Il prônait la vie en communauté, les hommes d'un côté, les femmes de l'autre, et la redistribution des terres. Signe des temps : le mouvement fit rapidement tache d'huile. Parti donc du Guangxi en 1850, Hong Xiuquan prenait en mars 1853 Nankin, promue capitale du royaume de la Grande Paix, sur fond de feu et de massacres : deux armées, celle des Mandchous et celle des Taiping, se menaient une interminable guerre de poursuite. Tout le petit peuple de la Chine centrale errait par monts et par vaux, familles dispersées, hommes et femmes séparés, champs et maigres biens abandonnés, récoltes oubliées. L'heure n'était plus aux simples jacqueries. C'était une sorte de fin du monde, le signe même d'un écroulement dynastique.

Le temps, cependant – le mouvement dura quatorze ans –, et la confusion mentale de leur chef redonnèrent paradoxalement vie au gouvernement mandchou. Face à l'écroulement économique d'une nation déjà touchée dans son honneur et dans sa santé par la guerre de l'Opium, commerçants et propriétaires fonciers finirent par épauler les Mandchous, faute de pouvoir fonder rien de stable avec un illuminé comme Hong Xiuquan. Ils sauvèrent les Qing, faute de mieux, et en attendant des jours meilleurs.

Les étrangers furent tentés un moment – eux aussi – de soutenir les Taiping. Mais ils entrèrent dans la danse, monnayant au plus fort leur rôle de gendarmes dans un monde en folie. Le plus actif en ce sens fut un Français, Alphonse de Bourboulon, qui voyait dans les Qing les protecteurs des catholiques, alors que Hong Xiuquan tirait son inspiration des prédications d'un pasteur protestant entendues dans sa jeunesse.

L'empereur Xianfeng

Plusieurs intérêts convergeant vers les Qing, l'empereur Xianfeng (reg. 1851-1861) put monter sur le trône. Mais il dut payer cette faveur par le traité de Tianjin (1858), puis laisser à son demi-frère le soin d'assurer l'application des fameux « traités inégaux » (1860), après que les troupes anglaises et françaises eurent mis à sac le palais d'Été : les puissances occidentales ripostaient ainsi contre l'arrestation du consul anglais de Canton, l'assassinat de treize Anglais et de huit Français, ainsi que les mauvais traitements infligés aux prisonniers de guerre.

Vingt ans s'étaient écoulés depuis le temps où l'empereur croyait pouvoir faire solennellement détruire l'énorme vague de drogue qui, depuis Canton, menaçait de submerger la Chine.

15

LA FIN DE L'EMPIRE

DE TONGZHI (RÈGNE 1862-1875) À GUANGXU (RÈGNE 1875-1908)

La presse humoristique anglaise est connue pour ne jamais mâcher ses mots ni épargner ses effets. L'actualité internationale de la seconde moitié du XIXe siècle, marquant les débuts d'une mondialisation économique dont la réalité se fait sentir aujourd'hui, lui fournit à l'époque une source d'inspiration particulièrement riche et variée. Les *cartoonists* y puisèrent matière à des pamphlets politiques que leur crayon transformait aussitôt en pantalonnades grinçantes : l'ours russe, le lion britannique, l'aigle allemand et le coq gaulois se partageaient gaillardement la planète. Cette joyeuse – ou sinistre – ménagerie servit maintes fois, promenant allégrement ses pelages luisants et ses plumages ébouriffés au Moyen-Orient, en Afrique du Sud ou en Turquie. Mais on la retrouva aussi devant une Chine en forme de gros gâteau, chacun délimitant sa portion sous l'œil vorace et frustré du seul humain de la farce, l'oncle Sam : il exigeait sa part avec d'autant plus d'autorité qu'il était plus grand, plus gros, et avait donc meilleur appétit que les autres. Ainsi peuvent peut-être se résumer, en quelques traits d'une plume trempée dans l'acide, les résultats de la guerre sino-russe (1880), puis franco-chinoise (1884) et enfin sino-japonaise (1895) : autant de défaites impériales conclues par d'importantes concessions chinoises aux étrangers.

Pour compliquer encore les choses, des crues du fleuve Jaune, catastrophiques, ravagèrent le Shandong et le Henan de 1887 à 1890. De tels drames s'inscrivent dans la configuration géologique et climatique même de la Chine, mais comment empêcher les esprits inquiets d'y lire des signes de fin dynastique ? Au Sichuan – terre originale, créative, source d'innombrables inventions et d'autant de révoltes –, une société secrète dite des Aînés et des Anciens (*Gelaohui*) n'eut aucun mal à drainer les mécontents. À la capitale, dans les milieux proches de la cour et du gouvernement, les patriotes se mirent à dénoncer l'influence néfaste d'une « femme de perdition » : Yehonala de son nom mandchou, universellement connue sous son nom d'impératrice, Cixi.

L'IMPÉRATRICE CIXI (TS'EU-HI)

Elle naquit le 29 novembre 1835. Elle était la fille d'un petit fonctionnaire mandchou, homme dont la carrière s'arrêta net en 1853 : il fut renvoyé car, se trouvant en service dans l'Anhui au moment de l'avancée des Taiping, il avait quitté son poste puis disparu sans demander son reste. Dure malchance pour cet homme comme pour tant d'autres que les rêves de grande paix plongèrent dans la misère. Mais cette famille-là avait au moins un atout : la beauté de Yehonala qui lui permit d'entrer au harem impérial (1851), de s'y faire remarquer, de mettre au monde (1856) un garçon – fils de l'empereur Xianfeng –, de se hisser au rang de concubine impériale, et enfin de faire nommer l'enfant seul prince héritier (1861). C'est grâce à la maternité, selon la coutume du harem, que la jeune femme put devenir au long de sa vie d'abord impératrice en titre, puis régente et enfin impératrice douairière. Yehonala-Cixi montrait en effet beaucoup d'esprit, doublé d'une extrême habileté à mener des combats terribles et subtils dans le cadre du palais. Seul véritable maître du gouvernement à partir de 1875, elle ne lâcha le pouvoir que lorsque la mort le lui imposa en 1908. Mais, élevée dans le giron protecteur d'une maison lettrée, puis entrée à dix-sept ans dans le monde fermé de la cour, elle comprenait mal ce qui se passait au-dehors. De ce fait, et compte tenu de son indéniable emprise sur les souverains, elle devint vite la bête noire de tout ce que l'administration chinoise comptait d'esprits novateurs et patriotes.

Elle exerça en revanche une fascination durable sur les Occidentaux. Même s'ils n'étaient pas dupes de ses sourires, ces derniers succombaient, généralement, à l'attirance étrange de ce personnage d'un autre âge, qui semblait sortir tout droit d'un roman d'aventures exotiques. Le charme opère encore aujourd'hui à travers ses photos.

Visage lisse et régulier, tantôt aimablement souriant, tantôt emprunt d'une impérieuse et sévère dignité : le regard de Cixi, diffusant à la fois terreur, mondanités et tendresse, vit toujours dans chacune de ses images, rehaussé par l'étrangeté élégante de ses costumes, ses coiffures et ses protège-ongles extravagants. Personnage étrange, certes, mais cohérent : Cixi devait sa fulgurante réussite sociale au harem. Elle ne voulait – et sans doute ne pouvait – voir le monde qu'à travers cette institution à laquelle elle subordonnait tout. C'est ainsi que – si l'on en croit ses détracteurs – elle détourna (1888) l'argent du budget de la Marine, destiné à la modernisation urgentissime de la flotte chinoise, et engloutit tous ces précieux deniers dans l'édification du célèbre palais d'Été que le gouvernement actuel restaure à grands frais. C'était un choix d'autant plus contestable que les ministères, depuis 1880, menaient de louables efforts pour développer une industrie moderne, en créant arsenaux, chantiers navals et fonderies.

Mais transformer ainsi le pays et le gouvernement, c'était aussi transformer la cour. Se lancer dans les réformes profondes dont modernistes et étrangers criaient l'urgence ? Elle savait bien que tout changement entraînerait à plus ou moins brève échéance la disparition du milieu qu'elle maîtrisait si bien : ce vivier de femmes offertes qui choquait jusqu'au scandale la morale des puissances chrétiennes, toutes tendances confondues. Et puisque telle était la conséquence du changement, elle y fit barrage sa vie durant. Telle fut la trame bien simple sur laquelle se jouèrent les dernières années de l'Empire, secouées par la guerre irrémédiable que se livrèrent Cixi et son neveu Guangxu, coupable, aux yeux de sa tante, d'un impardonnable modernisme et atteint d'une dangereuse manie réformiste.

LES CENT JOURS DE RÉFORMES

Le drame se noua en 1898, au moment même où le transsibérien atteignait Irkoutsk. Cette année-là, Guangxu appuya de tout son crédit le chef de file d'un grand mouvement réformateur, Kang Youwei (1858-1927). L'idée force que défendait Kang Youwei était de conserver, voire de revigorer, un esprit national chinois, tout en prenant à l'Occident et au Japon de l'ère Meiji, en pleine industrialisation, ce qui faisait leur force : leurs armes et leur technologie. Et le temps pressait : les Allemands tenaient maintenant Qingdao, le meilleur port du Shandong ; ils s'y étaient installés l'année précédente (1897) sans aucune autorisation, déclarant simplement exercer de justes représailles en réponse aux exactions de la secte des Grands Couteaux qui s'en prenaient à leurs ressortissants. Dans un tel climat, personne n'avait pu empêcher les Britanniques de s'implanter, eux aussi, au Shandong, ni les Russes de coloniser Port-Arthur (Dalian), pour contrebalancer les Anglo-Saxons qui tenaient la côte. Et pendant ce temps, les Français commençaient (1898) à construire le chemin de fer du Yunnan pour rentrer dans le ventremou de la Chine, au Sichuan, au Guizhou, au Yunnan, et, de là, gagner le Tonkin et la mer, eux aussi.

Guangxu, fort des avis de Kang Youwei et de son minstre Li Hongzhang (1823-1901), lança les réformes le 10 juin 1898 avec, pour axe directionnel, la volonté d'aboutir par étapes à une forme d'empire libéral. L'exemple à suivre se trouvait au Japon, où la grande rénovation de Meiji (*Meiji isshin*), imposée par l'empereur et son groupe exactement trente ans plus tôt, commençait à porter ses fruits, comme venait de le prouver la capitulation chinoise devant les armées japonaises (1895).

Cixi vécut cette aventure, au long de l'été, comme une atteinte personnelle et, bien sûr, ne resta pas inactive. Trois mois plus tard – le 7 septembre –, assurée de l'appui résolu des conservateurs rassemblés autour d'elle, elle déclara la destitution de Li Hongzhang. Les réformateurs, pris de court et sentant venir un retour de flamme qui, même temporaire, risquait de se montrer dévastateur, se replièrent d'urgence en des lieux où ils trouveraient compréhension et protection : les concessions étrangères, particulièrement Shanghai.

Ce choix, qui sauva indéniablement leurs vies et le mouvement, eut aussi un effet pervers : il tourna contre eux nombre de patriotes qui leur reprochèrent de lier désormais leur sort à la cause étrangère. L'empereur Guangxu le comprit ; il était urgent de réagir afin de rendre aux réformateurs leur crédibilité. Mais rien ne pourrait se faire tant que Cixi régnerait sur la cour. Guangxu, en tirant les conséquences, monta promptement un coup de force contre l'impératrice et son âme damnée du moment, qui était aussi son bras armé, le général mandchou Ronglu.

Guangxu cependant avait-il vraiment l'étoffe d'un comploteur ? Avait-il seulement prévu l'inévitable ? L'un de ses généraux et factotum en l'affaire, Yuan Shikai, alla tout raconter à Cixi. Un vent de panique enfla une fois de plus. Kang Youwei et son disciple, Liang Qichao (1873-1929), s'enfuirent au Japon. Et Guangxu se vit relégué et enfermé dans l'une des innombrables résidences et jardins du palais.

Ainsi la vieille impératrice restait, toujours, seule

maîtresse du terrain. Pour montrer sa magnanimité et sa compréhension des problèmes, elle déclara engager une « nouvelle politique » (*xinzheng*) : celle-ci consistait à reprendre un certain nombre des réformes prévues, tout en ménageant l'appareil traditionnel de la cour dont elle ne pouvait se passer. De l'extérieur, le gouvernement chinois semblait donc évoluer dans une indéniable continuité. Mais, dans son for intérieur, l'impératrice douairière nourrissait une rancune amère et tenace à l'égard de ceux qui jouaient, de fait, le rôle de ses ennemis personnels : les Occidentaux et les Japonais.

LES « POINGS DE LA SUPRÊME HARMONIE »

Lorsqu'en 1900 les Poings de la suprême harmonie – les Boxeurs – se lancèrent à l'assaut des légations qu'ils assiégèrent pendant cinquante-cinq jours, Cixi les encouragea. Elle admirait leur patriotisme, leur courage, et souhaitait secrètement leur triomphe qui imposerait le prompt enterrement des réformes.

Le résultat, cependant, fut au rebours de ses espérances : si les diplomates en poste tremblèrent plus d'une fois, si chaque camp perdit des vies, les puissances occidentales finirent par gagner la partie, ce qui leur permit d'imposer leur loi plus rudement que jamais. Et les réformistes retirèrent aux Mandchous le peu de confiance qu'ils leur gardaient encore. La dynastie des Qing était en train de disparaître sous leurs yeux, confisquée par cette incarnation de la cruauté et de la débauche dont les

Histoires dynastiques font apparaître périodiquement la silhouette quasidémoniaque : une femme.

Mais, comme tout être vivant, elle était fort heureusement mortelle. Elle rendit enfin l'âme, à peu près au même moment (1908) que Guangxu – malhabile champion du progrès – et sans que l'on puisse dire d'une manière sûre si la tante, dont la mort fut naturelle, accéléra véritablement le décès du neveu. Des consignes sont données aujourd'hui aux guides touristiques pour faire parler les lieux où le drame s'ébaucha. Fiction et réalité s'entremêlent ; il en naît un discours qui rend curieusement toute sa force au thème multiséculaire des maléfices féminins.

La scène se passe au bord de la grande pièce d'eau du palais d'Été, dans un dédale de petits pavillons traditionnels amoureusement restaurés : parois de briques et de bois laqué rouge, fenêtres ombragées d'élégants claustrats, toits de tuiles gris bleuté, jardins à la verdure contournée et poussiéreuse, réveillée de fleurs rares cultivées en pots. À l'exception de celle par laquelle passent les visiteurs, toutes les issues extérieures de la résidence, y compris les jolies baies qui s'ouvraient sur le lac, paraissent avoir été murées. Cixi en serait la cause, qui aurait profité d'un séjour de Guangxu en ces lieux pour l'y piéger, déclarant qu'il était devenu fou et qu'il fallait l'empêcher de nuire. Personne, dans l'entourage des deux acteurs du drame, ne prit le risque inutile de montrer trop de curiosité. Les jours, les semaines s'écoulèrent. Lorsque enfin Cixi prit des nouvelles de son cher neveu, on se serait aperçu que le malheureux était mort de faiblesse : une mort bien naturelle, accélérée par le manque de nourriture et, finalement, d'eau. Le Ciel, alors, se fâcha et Cixi dut, elle aussi, rejoindre les Sources jaunes, cet austère royaume souterrain des morts où se retrouvent les défunts, réduits à leurs seules âmes lourdes.

Des réformes, enfin

La disparition de la vieille impératrice apporta un réel soulagement au parti réformiste, qui se mit enfin à la tâche avec une ardeur redoublée. Aussitôt, le gouvernement institua des conseils provinciaux élus par les notables et ceux-ci se réunirent dès l'année suivante (1909) ; à Shanghai, ils faisaient même campagne pour l'adoption d'une Constitution. En 1910, la cour tombait enfin d'accord sur le nom d'un nouvel empereur : ce fut Puyi, encore un enfant à l'époque, rendu célèbre depuis par la littérature et le cinéma. Mais ce choix d'incertitude, comme toutes les régences, mené de plus en sous-main par Yuan Shikai qui avait trahi les réformistes en 1898, pouvait-il véritablement incarner la nouveauté ? Et d'ailleurs fallait-il encore réformer ? Il était plutôt temps de changer. Depuis dix ans, déjà, d'autres idées politiques s'implantaient en Chine.

LA RÉPUBLIQUE

Le mouvement avait commencé vers 1900, depuis qu'un

jeune chrétien, étudiant en médecine de Canton, Sun Yat-sen, s'intéressait de près aux phénomènes révolutionnaires.

Reprenons donc le fil chronologique. Le 10 du dixième mois – le « double dix », comme on dit en chinois –, soit le 10 octobre 1911, la garnison de Wuchang (l'une des trois villes composant aujourd'hui l'énorme cité de Wuhan) se souleva. Elle se déclarait rebelle aux Qing et proclamait vouloir instituer un régime jamais expérimenté en Chine : la République. La garnison de Canton, patrie de Sun Yat-sen, suivit le mouvement. Les impériaux, comme on pouvait s'y attendre, réagirent vigoureusement ; ils reprirent même position à Wuchang, et l'espoir leur revint. Canton, toutefois, tint bon, tandis qu'un gouvernement républicain provisoire s'installait à Nankin. Le 1er janvier 1912, Sun Yat-sen était nommé président de cette toute nouvelle République, officiellement proclamée ce jour, malgré les manœuvres désespérées de la cour pour survivre encore quelques semaines.

Conscients de la gravité de la situation, les Mandchous demandèrent en effet les bons offices de l'inusable Yuan Shikai. Mais, pour toute réponse, l'étrange homme fit assassiner le régent et exigea du jeune Puyi qu'il abdiquât en sa faveur. Ce fut chose faite le 12 février 1912 : ce jour-là fut celui de la disparition officielle des Qing.

Sun Yat-sen, alors, s'effaça poliment devant celui qui avait fait « tomber » les Qing : le 15 février, Yuan Shikai était élu président et demandait à l'Assemblée (provisoire), d'adopter, le 12 mars, une Constitution, tout aussi provisoire. Le 25 août (toujours en 1912), s'ouvrait enfin le congrès qui allait inaugurer en Chine une nouvelle ère, celle des partis : Sun Yat-sen lançait le Parti national (*Guomindang*), inspiré par et conçu d'après les modèles occidentaux et japonais – ce fut le premier parti politique chinois moderne.

Il faut avouer cependant qu'à l'époque il rencontra fort peu d'échos et sa nature résolument moderne ne fut pas toujours comprise. Les conjurations et fraternités de l'ombre propres aux sociétés secrètes traditionnelles plongeaient aux triples sources de la foi religieuse – voire de la superstition –, du corporatisme et du régionalisme ; de ce fait, elles laissaient toujours une grande part à l'irrationnel. Le Parti national, lui, s'organisait en fonction d'une perception ethnique de la Chine.

Il rompait ainsi délibérément avec le schéma géographique tout autant qu'avec la symbiose culturelle obstinément prônée par les Qing depuis le début de leur mandat. Dans le noyau dur des idées de Sun Yat-sen figurait notamment une notion qui n'a cessé de se renforcer depuis : celle d'un peuple Han (*Han min*). C'était, à l'époque, un néologisme formé à partir du mot japonais de *minzoku*, lui-même inventé peu de temps auparavant pour traduire la notion européenne d'« ethnie ». Ainsi, l'idée était dans l'air du temps. Pour certains – et compte tenu de ses avatars au XXe siècle –, elle peut apparaître comme une sorte de péché originel.

En Chine, elle connut un indéniable autant que durable succès pour deux raisons : d'une part, elle effaçait, autant que faire se pouvait, les vieux clivages psychiques et territoriaux entre Chine du Nord et Chine du Sud – exacerbés depuis les Song du Sud, combattus déjà par les empereurs Ming, et toujours plus visibles que jamais à la fin du XXe siècle ; d'autre part, elle favorisait le rejet pur et simple de tous les corps étrangers : les Occidentaux, peut-être, mais surtout les Mandchous. Il y a plus :

aujourd'hui, alors que les prémices de la révolution de 1911 font, depuis une quinzaine d'années, l'objet d'une étude attentive, les dirigeants chinois vont chercher précisément dans cette notion d'ethnie les couleurs d'un nationalisme aux habits neufs.

Mais cette frénésie républicaine fut de courte durée. Quinze mois et quelques affrontements plus tard entre factions révolutionnaires régionales, Yuan Shikai déclarait le *Guomindang* dissous (4 novembre 1913).

Et puisqu'il venait d'être réélu président pour cinq ans (le 7 octobre 1913), il se crut, jusqu'à sa mort (le 6 juin 1916), investi de fait d'un nouveau mandat du Ciel. Sun Yat-sen, pour sa part, commençait à comprendre qu'il avait été floué.

Les historiens modernes ont souvent moqué Yuan Shikai, raillant sans pitié sa folie des grandeurs ; sans doute avaient-ils tort – encore que le personnage soit rien moins que sympathique. Toutes les dynasties, cependant, sont nées dans des conditions de confusion comparables. La véritable erreur – fatale – de Yuan Shikai fut, au-delà de ses trahisons et de ses turpitudes, de sous-estimer, et sans doute de ne jamais comprendre, ni les idées venues d'ailleurs, ni les transformations profondes que la Chine avait vécues depuis un siècle. Peut-être ne saisissait-il pas non plus que le destin du pays se jouait, depuis au moins deux siècles, bien davantage dans les régions que dans la très septentrionale capitale de Pékin.

Les murailles de la ville à peine franchies, voici que l'on entrait en effet dans un autre monde : un immense territoire où ne s'affirmait plus que l'autorité, fragmentaire et sans doute éphémère, mais brutale, des « seigneurs de la guerre ».

LE VRAI DÉBUT D'UNE FIN DÉFINITIVE

Les événements qui suivirent inspirèrent quelques-uns des meilleurs écrivains de l'Occident, de Victor Ségalen à André Malraux, dont l'œuvre – sous ses aspects inspirés par l'Extrême-Orient – connaît toujours un succès qui ne s'est jamais démenti. Les uns, comme Ségalen, brodèrent inlassablement sur le thème mélancolique et fascinant d'une interminable fin d'Empire. Ils décrivent avec un zeste de sadisme et d'esthétisme la décrépitude physique et morale conduisant inéluctablement les organismes au déclin, qu'il s'agisse d'un individu ou d'un corps social. Les autres, comme Malraux, crurent discerner, dans le sang et l'horreur des exécutions en série, l'aube de lendemains qui chantent.

Ni l'écriture, quand il s'agit de tels poètes, ni les idées ne sont anodines. Les unes et les autres firent entrer dans le patrimoine universel ce très proche passé chinois. Il nourrit toujours en nous espoirs et craintes : cette Chine récente, consciemment ou non, nous est tout sauf étrangère. Cela ne signifie pourtant pas que l'Orient et l'Occident vivent à l'unisson : d'événements traversés plus ou moins largement en commun, les Chinois et les autres ne gardent pas les mêmes souvenirs.

En Occident, peu d'esprits résistent-ils vraiment, fût-ce pour le condamner, au charme trouble des conflits de cultures qui marquèrent la première moitié du XXe siècle ? Qui n'a rêvé, un jour – pour en glorifier l'aventure ou pour en fustiger l'injustice –, devant les vestiges des concessions étrangères, à Pékin, à Shanghai, à Wuhan ? Qui n'a ressenti un choc devant ces églises néo-gothiques en pur style

« troubadour », meurtries mais toujours debout, ces austères banques britanniques, opulentes jusque dans leur actuel dénuement, ces aimables maisons françaises, paisibles et bien carrées, tout droit inspirées d'une parisienne et résidentielle banlieue ?

Les Chinois, quant à eux, n'ont qu'une idée : broyer tout cela, en effacer les traces jusqu'à la dernière pierre. C'est pratiquement chose faite à peu près partout, n'était à Wuhan où résistent plus ou moins, à défaut des immeubles, quelques rangées de platanes : les Français en plantèrent là comme le faisait déjà la marquise de Sévigné dans son domaine des Rochers. Les facteurs, ingénieurs, instituteurs, employés des douanes, cabaretiers, magistrats, hommes d'affaires et planteurs des colonies en perpétuèrent la tradition, en Chine tout comme au Viêt-nam. Fragile héritage, et pourtant le seul que certains milieux chinois, attentifs à l'environnement, acceptent de garder, voire de développer aujourd'hui : ce principe de belles allées ombragées dont le réseau crée une sorte de filet chlorophyllien apte à contenir la pollution. Le reste est systématiquement détruit ou ne subsiste – pour combien de temps ? – que par hasard, pour cause, parfois, de solidité à toute épreuve, comme la petite caserne qui abritait, les pieds dans les eaux rouge brique du Yangzi, les fusiliers marins des canonnières françaises, cantonnés à Chongqing.

16

PREMIÈRE MOITIÉ DU XXe SIÈCLE : LA RÉPUBLIQUE

Les « seigneurs de la guerre » : le thème a fait florès dans la presse française, évoquant des figures à la fois vagues et terrifiantes, exotiques synthèses de paladins sortis tout droit d'une chanson de gestes et de malfrats échappés d'un film policier. La vérité, comme d'habitude, est autre, et plus simple. Ce que diplomates et correspondants français ont traduit par « seigneur de la guerre » est le terme anglais de *warlord* qui, lui-même, recouvrait des mots chinois désignant traditionnellement un gouverneur militaire, comme *dujun*, littéralement un « chef de région ». Et nul n'ignorait en Chine, pour l'avoir comme ailleurs amplement expérimenté de génération en génération, que le militaire est tout ce qu'il reste de l'État quand les structures du pouvoir normal – le pouvoir civil – s'effondrent : ce qui se produisit, précisément, en ce premier quart de XXe siècle. Ainsi, d'un terroir à l'autre, les chefs des régions militaires se retrouvèrent investis de responsabilités énormes, dépassant chaque jour plus largement le cadre des fonctions qu'ils assumaient habituellement. Au-dessus d'eux, il n'y avait plus rien : plus rien qu'un grand vide traduisant l'éclatement ou l'évanouissement de l'État traditionnel. Mais, ainsi qu'il est d'usage en de telles circonstances, chacun – autant que son voisin – prétendait pouvoir le combler. De fait, nul n'y parvint ; cependant beaucoup de ces redoutables candidats aux responsabilités suprêmes – en fait, chacun travaillait aussi et surtout pour soi – entrèrent déjà de leur vivant dans la légende du XXe siècle.

Le plus célèbre fut Zhang Zuolin (1875-1928), qui régnait, ou prétendait imposer son autorité, sur le Nord de la Chine, terrain privilégié d'une intense activité japonaise tendant souvent à dépasser les limites de la simple diplomatie. Zhang Zuolin s'en accommodait plutôt bien, espérant précisément trouver auprès des Japonais le soutien nécessaire pour maintenir son influence en Mandchourie et dans le Liaoning. Il incarne ainsi excellemment l'ambiguïté de ces potentats – patriotes peut-être, à leur manière, mais aussi mercenaires, assurément –, puissants aux yeux des petites gens et soumis en fait au bon vouloir, amical et monnayé, des commanditaires étrangers. Ceux qui payèrent le mieux, pendant le premier quart du siècle, furent indéniablement les Japonais : non contents de financer Zhang Zuolin, ils tenaient aussi, par le nerf de la guerre, les deux maîtres de la Grande Plaine centrale, Duan Qirui (1865-1936) et Xu Shuzheng (1880-1925).

C'est seulement au sud du Yangzi que s'exerçaient influences et libéralités européennes : britanniques et, dans une moindre mesure, françaises, au Yunnan. Quant aux Allemands, leur défaite de 1918 les mettait naturellement en mauvaise posture. À l'occasion, ces conflits d'intérêts, largement occidentaux dans leur essence, pouvaient aussi dégénérer – par seigneurs de la guerre interposés – en guerres chinoises : comme celle qui opposa (1921-1922) Zhang Zuolin, champion du Japon, à Wu Peifu, champion de la Grande-Bretagne. Mais, chez ces étranges chefs de régions, la corde nationale, généralement mise en sourdine, se remettait parfois à vibrer haut et fort.

En 1924, Zhang Zuolin fit ainsi partie de ceux qui, avec Duan Qirui, invitèrent Sun Yat-sen pour discuter de la situation du pays et tenter une alliance politico-militaire au service du nouveau régime. Les uns comme les autres des partenaires bouillonnaient de projets. Mais les difficultés surgirent du fait que l'étranger, par la force des choses, y tenait une grande place, et l'étranger japonais plus qu'aucun autre encore. Sun Yat-sen crut résoudre la question en proposant une sorte de grande alliance orientale qui unirait les efforts de la Chine, désormais républicaine, du Japon impérial et de la jeune Union soviétique communiste : incroyable patchwork diplomatique supposé faire pièce à l'influence et au poids économique des Occidentaux – Européens et Américains. Utopie boiteuse, où le patriote ne pouvait espérer soutenir son pays qu'avec l'argent et l'appui d'amis pour le moins peu sûrs : occasionnels dans le meilleur des cas (les Soviétiques) ou complètement intéressés (les Japonais) à la mainmise sur cette nation perdue, cherchant une liberté paradoxale.

Le Triple Démisme

« Dans son acception étroite, le Triple Démisme (*Sanminzhuyi*) est le titre donné par Sun Yat-sen à son dernier ouvrage, publié en 1924. De façon plus générale, on entend par Triple Démisme la doctrine politique que Sun n'a cessé d'élaborer pendant les deux dernières décennies de sa vie politique... Selon l'humeur, on peut trouver l'ouvrage éclectique... ou bâtard. La fierté culturelle chinoise s'y mêle à l'anti-impérialisme léniniste, la loi de Montesquieu côtoie les préceptes de Lincoln et le socialisme à la Henry George s'allie au marxisme et à la pensée utopique chinoise traditionnelle... L'ouvrage demeure fondamental ; en lui se cristallisent les interrogations, les ambitions, les idées qui ont nourri les principaux débats du premier quart de ce siècle. C'est à travers ce texte, devenu par la suite texte canonique, que plusieurs générations de Chinois se familiariseront avec la pensée politique moderne de leur pays. »

Marie-Claire Bergère, *Sun Yat-sen*, Paris, Fayard, 1994, p. 400-403.

Ainsi se créait et s'alimentait la fragilité de la si jeune République : tous les acteurs du nouveau pouvoir avaient, *volens nolens*, partie liée à des intérêts autres que chinois. C'était même la contradiction fondamentale qui animait un personnage aussi important que Sun Yat-sen lui-même : résolument favorable au Japon – où il avait toujours trouvé à la fois inspiration et refuge –, il était prêt à laisser l'Empire nippon s'installer aux portes de la Chine, et même sur son territoire, en échange de subsides et des appuis nécessaires à la révolution dont il voulait, évidemment, demeurer le *leader*. Il en naquit une situation d'inextricable confusion.

Confusion dans les mentalités populaires : elle puisait sa source aux espoirs que la révolution russe de 1917 faisait naître peu à peu au cœur des déracinés, perdus dans les faubourgs et les usines des grandes villes, en pleine révolution industrielle. Confusion chez les hommes politiques, les administrateurs, les patriotes, choqués par les dispositions du traité de Versailles donnant au Japon tous les avantages et territoires acquis en Chine avant la guerre de 1914 par l'Allemagne. Confusion dans l'intelligentsia, tout juste électrisée par le célèbre mouvement du 4 mai 1919, véritable révolution culturelle avant la lettre : depuis ce jour, il fallait penser moderne, écrire de grands textes en langue parlée et non dans la langue savante des seuls lettrés, tourner le dos aux traditions qui avaient perdu la Chine, se reprendre en main, retrouver sa dignité nationale. Or celle-ci, inexorablement, passait par des alliances.

Mais qui pouvait faire pièce au Japon, attirant et redoutable, ou à la Grande-Bretagne ? Celle-ci, derrière son imposant décorum et son apparente sérénité, faisait la pluie et le beau temps et n'hésitait pas à imposer ses vues sans craindre d'avoir le moins du monde à les expliquer. Ainsi les Britanniques venaient-ils de chasser Sun Yatsen comme un voleur, à peine élu (5 mai 1921) président d'une République locale de Canton. Sun et ses amis ne nourrissaient donc plus d'illusions. Ils les avaient toutes perdues.

Toutes, sauf une, d'autant plus vivace que les autres s'évanouissaient : l'Union soviétique, cette nouvelle nation qui venait de tourner le dos aux pays et aux systèmes traditionnels d'Occident, se dressait comme un ultime recours. En 1923, Canton accueillit donc une mission soviétique, tandis qu'un jeune militaire chinois, formé au Japon, partait pour Moscou faire un stage dans l'Armée rouge : il s'appelait Jiang Jieshi (Chiang Kaichek en cantonais) et se trouvait être le propre beau-frère de Sun Yat-sen. L'année suivante fut réorganisé (janvier 1924) le Guomindang, à la fois populaire et nationaliste, comme son nom le dit bien en chinois : le premier parti politique chinois se coula ainsi dans un moule soviétique, y acquérant hiérarchisation, centralisation, lourdeur d'appareil et, par là même, une indéniable autonomie par rapport à ses créateurs. Un nouveau système présentant certes des inconvénients, mais sans doute nécessaire pour assurer la survie du parti en cas de disparition de son fondateur. Il était temps. Sun Yat-sen mourut à Pékin un peu plus d'un an plus tard (12 mars 1925).

MONDE OUVRIER, MONDE MARCHAND ET COMPRESSEUR JAPONAIS

L'action fuse alors de tous côtés. Le Parti communiste chinois (*Zhongguo gongchangdang*) naît à Shanghai, le 1er juillet 1921. En 1927, les premières grèves en milieu ouvrier éclatent à Shanghai, où le modèle de la révolution d'Octobre s'est imprimé lentement dans l'esprit des meneurs. Mais Jiang Jieshi écrase la révolte et ce bain de sang rassure les investisseurs étrangers. Ils appuient Jiang Jieshi, qui vient de choisir son camp sur l'échiquier mondial : celui de l'anticommunisme actif, celui, en termes politico-économiques, des affaires et des banques.

En ce sens, Jiang Jieshi se montre vraiment révolutionnaire : à la philosophie agrarienne qui était celle de l'Empire depuis deux mille ans, il substitue celle du négoce qui avait failli plus d'une fois triompher (notamment sous les Song et sous les Ming), mais n'avait jamais réussi ni à supplanter la prééminence sociale et administrative des lettrés, ni à s'attirer durablement les bonnes grâces de ces derniers.

Émanation d'une riche bourgeoisie marchande qui ne demande qu'à s'intégrer toujours davantage aux échanges mondiaux, Jiang Jieshi devient ainsi bien plus qu'un simple « seigneur de la guerre », aux ambitions restreintes et stipendié à la petite semaine. Il est celui par qui, enfin, la modernisation de la Chine semble pouvoir se faire, effaçant la honte des humiliations imposées par les Mandchous, puis celle de leur disparition sans gloire. Un tel choix, cependant, avait un corollaire : il fallait exterminer les « bandits communistes » qu'inspirait le « mauvais » côté de la planète. Le bouillant général s'y attela d'enthousiasme, au nom de la pure tradition confucéenne chinoise et avec la brutalité qui marqua aussi, à l'époque et pour des raisons parfois comparables, la vie politique d'un certain nombre de pays européens. Mais, de la normalisation au retour à l'anarchie dont les excès justifiaient la première, il n'y a parfois qu'un pas.

La fragilisation de la Chine et l'incertitude du succès de ses choix confortaient certaines minorités dans leurs désirs d'indépendance : en 1928, l'année même où Jiang Jieshi occupait Pékin (déchue de son rôle de capitale et rebaptisée Beiping, la « Paix du Nord »), les musulmans du Gansu se révoltaient. Jiang Jieshi se trouvait pourtant et restera jusqu'à l'invasion japonaise (1937) l'homme fort de la Chine, celui du régime dit de Nankin (1927-1937), du nom de la nouvelle capitale où il installa, aussi, son quartier général. Entre-temps, cependant – et bien que peu d'observateurs s'en soient vraiment avisés –, l'équilibre mondial commençait à vaciller.

LA MENACE JAPONAISE

Personne ne saura jamais vraiment estimer à long terme le coût fabuleux d'évolutions imposées d'en haut : des réformes généralement indispensables et courageuses, mais trop radicales et trop rapides. Telle est peut-être la morale à tirer de cet extraordinaire bouleversement que fut au Japon la rénovation de Meiji (1868), dont les réformateurs chinois se réclamaient à la fin du XIXe siècle. Dans l'archipel, trois générations, au moins, en payèrent le prix nécessaire et exhorbitant.

Une fois épuisées les péroraisons de mise sur les dévoiements d'un esprit militaire mal compris, il faut en effet bien admettre le rôle joué par une crise économique abyssale dans la montée, durant la première moitié du XXe siècle, du tristement célèbre militarisme japonais, étroit d'esprit et violent jusqu'au paroxysme. Pour résumer, disons que, faute de savoir trouver de meilleures idées, un certain nombre de chefs nippons virent dans la conquête de tout ou partie de la Chine la solution aux principaux problèmes économiques et sociaux qui se posaient au Japon depuis la fin du XIXe siècle. Cela commença en 1931 par un coup de main auquel la presse donna le nom, demeuré célèbre, d'incident de Mandchourie : il préluda à l'occupation des provinces du Nord-Est (1932), d'où purent, finalement, être menés quelques années plus tard (1937) la prise de Beiping (Pékin) ainsi que le bombardement puis l'occupation de Shanghai par les troupes japonaises. Nankin subit le même sort en décembre 1937. Ainsi, la Seconde Guerre mondiale commença, en Extrême-Asie, deux ans plus tôt qu'ailleurs.

LE GOUVERNEMENT DE REPLI

Devant ce désastre tout à la fois prévisible et imprévu, et conformément au vieux schéma des replis dynastiques, le gouvernement du Guomindang se réfugia d'abord vers Hankou (constituant un secteur de l'actuelle ville de Wuhan), puis au Sichuan, à Chongqing. Cette solution avait de nombreuses fois prouvé son efficacité stratégique et politique ; mais voici qu'en plein XXe siècle elle montrait maintenant ses limites, dans le cadre d'une économie moderne, largement dépendante des régions côtières et de l'étranger. Certes, les richesses agraires et minières du Sichuan existaient toujours, mais les capitaux et la Bourse se trouvaient désormais à Shanghai ou à Hong-Kong ; or les Japonais venaient de réduire la première à merci, et la seconde appartenait à la couronne britannique. Le gouvernement nationaliste chinois se voyait donc plus que jamais tributaire, pour assurer sa survie, du bon vouloir international : de la Grande-Bretagne, de la France, des

États-Unis et même de l'Union soviétique – toujours désireuse de contrer l'impérialisme japonais qui menaçait la Sibérie.

Jiang Jieshi crut pourtant tenir son salut quand survint le drame de Pearl Harbor (7 décembre 1941) : les États-Unis ne pouvaient laisser le Japon régner seul sur les pays du Pacifique. Et quatre longues années plus tard, la capitulation du Japon (1945) apparaissait, de Chongqing, comme la victoire des nationalistes qui avaient porté la Chine, sur la scène internationale, au rang de « cinquième grand ». La situation intérieure, cependant, commençait à se révéler beaucoup plus complexe qu'elle ne le parut à première vue à beaucoup d'observateurs : quoi qu'aient pu en penser les idéologues, l'alliance entre libéraux – États-Unis et Guomindang – demeurait fragile. C'était l'ère des leurres, de la guerre psychologique et des coups de théâtre. Pour comprendre, il faut maintenant remonter quelque peu les années et reprendre le cours des événements au lendemain de la mort de Sun Yat-sen.

MAO ENTRE EN SCÈNE

1927 : ce n'est pas un hasard si Jiang Jieshi mit tant d'énergie à écraser la révolte des ouvriers de Shanghai, ni pure passion vampirique s'il décapita aussi sauvagement leur mouvement, entraînant par là divisions et protestations dans les rangs mêmes de ses amis. Rien ne légitime jamais un homicide, mais quelques circonstances en expliquent parfois le scandaleux engrenage ; il semble bien qu'un tel mécanisme se mit en branle dès la seconde moitié des années 20.

Déjà un an avant que les Japonais ne débarquent au Shandong, Staline tentait (depuis 1926) d'influer sur les destinées du Guomindang, nouvellement réformé, comme on sait, et modelé selon des principes soviétiques. Jiang Jieshi, ayant choisi le clan adverse, riposta sans attendre en excluant les communistes des postes de direction du parti. Staline en prit bonne note et pesa de plus belle sur la Chine : de premiers soviets chinois se constituèrent (1927) comme par enchantement dans les monts Jinggang, région reculée et sauvage, aux confins du Hunan et du Jiangxi. Quand l'information parvint à Jiang Jieshi, il répliqua en marchant sur Pékin, où il fit exécuter une trentaine de personnalités et de meneurs communistes. Trois « inconnus » appelés à un grand avenir parvinrent pourtant à lui échapper et coururent se réfugier précisément dans les monts Jinggang : Mao Zedong, Zhu De et Lin Biao. À partir de 1929, ils y inspirèrent et animèrent une république soviétique.

Choc en retour : les nationalistes lancèrent alors une grande campagne d'encerclement de la zone soviétisée du Jiangxi, à telle enseigne qu'en 1934 la situation était devenue intenable pour les communistes. Ces derniers décidèrent alors de se replier vers des terrains plus propices à la résistance, d'où ils pourraient lancer de véritables actions de guérilla : ainsi commença (1934) la Longue Marche (*changzheng*). Elle dura une année et allait inspirer quarante ans d'imagerie officielle héroïque. L'année suivante, en 1935, les survivants du Jiangxi, épuisés et décimés par la guerre et les privations, parvenaient à s'installer en lieu sûr, au nord du Shaanxi, en une terre déshéritée d'où il était difficile de les déloger. Deux ans encore passèrent (1937) et ils fondaient à Yan'an – aux confins des trois provinces du Shaanxi, du Ningxia et du Gansu – une nouvelle zone dite « soviétique ».

Mao et ses hommes se vantaient d'avoir entre-temps mis la main sur Jiang Jieshi (6 décembre 1936) à Xi'an et de l'avoir obligé à tourner son énergie contre l'armée japonaise, au lieu de poursuivre des compatriotes. L'épisode fait partie, depuis 1949, de l'iconographie courante de la Chine populaire : on montre toujours aux touristes, venus visiter les thermes de la belle dame Yang qui accepta de mourir (755) pour sauver l'empereur Xuanzong, la modeste et sinistre chambrette d'où Jiang Jieshi s'enfuit, en sautant par la fenêtre vêtu d'un simple caleçon, pour échapper à ses poursuivants communistes. Montées en épingle sous la forme d'une farce par les uns, étouffées par les autres, les circonstances de l'incident restent peu claires. Mais les conséquences s'en firent sentir à très longue portée. La situation qui en résulta fut, au bout de quelques mois, celle d'une guerre totale, où s'imbriquaient étroitement motifs patriotiques et idéologiques.

LA RÉSISTANCE AU JAPON

En 1938, les nationalistes, pour contrer l'avance japonaise, ouvrirent des brèches dans les digues (par nature déjà peu sûres) du fleuve Jaune : les eaux déferlèrent vers le cours moyen de la rivière Huai, noyant un bon tiers de la Grande Plaine centrale. Toutes ces morts et toutes ces peines endurées par une population civile en déroute n'empêchèrent pourtant pas les Japonais d'occuper Hankou (actuellement Wuhan), puis Canton, ni les nationalistes de lancer une grande offensive contre les bases communistes du Nord-Ouest.

Un an plus tard, les Japonais prenaient la grande île de Hainan, au sud de la Chine. Quelques mois encore, et toute la face maritime du continent eurasiatique était à eux : ils installaient à Nankin un gouvernement à leur solde (sous l'égide de Wang Jingwei, qui mourra en 1944) et prenaient pied au Viêt-nam, bousculant sans ménagement les Français. Moins de deux ans plus tard, enfin, ils contrôlaient la Birmanie et coupaient la route qui la relie à la Chine. La suite appartient à l'histoire universelle.

SUCCÈS NATIONALISTES ET VICTOIRE COMMUNISTE

À la fin de la Seconde Guerre mondiale, les positions des grandes puissances qui refirent le monde étaient cependant rien moins que claires. Le « libéral » Jiang Jieshi n'apparaissait pas à tous les observateurs américains comme un allié de bon aloi, ni moralement, ni même d'un point de vue stratégique. En fait, la diplomatie américaine souhaitait plutôt un « front uni », préludant à la création d'un gouvernement de coalition où chaque partenaire politique aurait sa place.

Mais ni les communistes ni Jiang Jieshi ne l'entendaient

sans doute de cette oreille. En 1947, Jiang récupérait Nankin et, surtout, Yan'an, le repaire occidental des communistes ; puis, l'année suivante, il était élu président de la République (1948). Mais voici qu'au même moment l'Armée populaire de libération reprenait pied au site symbolique de Yan'an. Et la même année, toujours, comme si le Ciel s'en mêlait – une association d'idées inepte à nos yeux, mais les plus âgés ne manquaient pas de la faire –, le fleuve Jaune déviait de son cours principal au sud du Shandong : il retrouvait son ancien lit, celui de 1855, 500 km plus au nord. Ainsi, les cartes changeaient constamment de mains, tandis que commençait à se dessiner un nouveau partage du monde chinois en deux zones : au nord et en Mandchourie, en des terres proches de l'Union soviétique, s'affirmait l'influence communiste ; pendant ce temps, les Américains renforçaient la leur sur le pourtour du Pacifique.

Au début de 1949, l'Armée chinoise populaire, descendue de Yan'an, parvint à faire basculer toute la Chine du Nord sous son contrôle ; quelques mois plus tard, elle franchissait le Yangzi, puis occupait Shanghai et Nankin. Le 1er octobre 1949, Mao Zedong proclamait à Pékin la fondation de la République populaire de Chine. Jiang Jieshi et son gouvernement se repliaient à Taiwan. Les Américains n'avaient pas essayé outre mesure de lui sauver la mise.

17

LA RÉPUBLIQUE POPULAIRE DE CHINE

Le 1er octobre 1949, les positions s'immobilisèrent de part et d'autre du détroit de Formose. Pour une large part, leur configuration n'a toujours pas changé. Chaque territoire, ou chaque pan, de la Chine – l'immense et le minuscule, celui des communistes et celui des nationalistes – liait son sort à l'un des deux plus puissants vainqueurs de la Seconde Guerre mondiale. Jiang Jieshi et les milliers de familles réfugiées à Taiwan se tournèrent vers les États-Unis. Ils trouvèrent protection d'abord auprès du général MacArthur et de la VIIe flotte américaine puis, dans le cadre de l'OTASE, par un pacte défensif passé (1954) entre les États-Unis et la toute jeune République de Chine – Republic of China, la « ROC ». Les dirigeants de Pékin avaient signé (1950), de leur côté, un traité d'alliance avec l'Union soviétique.

En Chine continentale, ce fut, jusqu'en 1955, la belle époque du communisme classique. Pas une cérémonie qui n'y célébrât l'alliance sino-soviétique, sur fond de guerre froide, qui pouvait aussi dégénérer en guerre ouverte, comme cela se produisit en Corée (juin 1950-novembre 1953). À l'intérieur même du continent chinois, s'effectuait un important travail de mise au pas : l'Armée populaire entrait au Tibet (1951) ; Pékin lançait la première grande campagne de suppression des contre-révolutionnaires, puis se tournait vers l'action économique, désormais planifiée. Le premier plan quinquennal fut mis en place en 1953. Les techniciens russes, omniprésents, faisaient tourner les usines et les machines. De grosses difficultés ne s'en profilaient pas moins à l'horizon. Le gouvernement réagit en lançant (1954) la première campagne de contrôle des naissances, puis une autre contre les intellectuels jugés déviationnistes.

En 1955, la conférence afro-asiatique de Bandung suggéra aux dirigeants de Pékin l'essai d'une autre politique qui leur permettrait de s'intégrer au monde tout en échappant au « grand frère » soviétique. Il faut dire que celui-ci, depuis la mort de Staline (5 mars 1953), était en crise. Ainsi commença un long essai de politique tiers-mondiste. La Chine populaire se situait elle-même dans les pays en voie de développement, mais se posait aussi en modèle, se disant avec fierté capable de se débrouiller par ses seules forces, sans appui extérieur. Cette conviction et cette énergie-là lui permettaient d'aller porter assistance et conseils à plus malheureux qu'elle, avec l'espoir d'y construire aussi les fondements d'une puissance future. Ainsi s'explique, par exemple, l'active politique africaine de la Chine. Elle la poursuivit jusqu'à la fin des années 70, c'est-à-dire jusqu'au moment où la décision des réformes et de l'ouverture à l'économie de marché inaugura une nouvelle ère : celle de l'implication profonde du pays dans l'économie mondiale, sans s'occuper davantage, sur le plan international, de stratégie idéologique.

Communisme orthodoxe, tiers-mondisme, capitalisme sauvage : vue de l'extérieur, la politique chinoise, regardée sur presque un demi-siècle, apparaît avant tout, et à moyen terme, comme pragmatique et fondée sur une pratique volontariste de l'expérience ; lorsque cette dernière n'est pas, ou n'est plus convaincante, le gouvernement l'abandonne aussi promptement qu'il l'avait mise en place. Vue sous cet angle, la position de Pékin, empreinte d'une sorte de sagesse de « père de famille », semble rien moins qu'immobiliste, malgré les apparences et les réalités administratives quotidiennes auxquelles se heurtent les hommes d'affaires de toutes nationalités.

Mais à l'intérieur, quelle démesure ! Car rien ne se passa en Chine populaire, de 1956 à 1976, qui fût dissocié de la personne et de la psychologie de Mao Zedong. Pendant vingt ans, le pays vécut au rythme des difficultés personnelles qu'il rencontrait, de ses convictions, de ses erreurs, de ses folies, de ses passions.

Ce fut, à l'origine, un bon élève de l'Union soviétique dont il suivit fidèlement les soubresauts. En 1956-1957, il emboucha donc, lui aussi, les trompettes de la déstalinisation et lança, pour être dans le vent, la campagne dite des Cent fleurs. Le terme, emprunté aux historiographes chinois traditionnels, faisait référence aux multiples écoles philosophiques qui eurent pignon sur rue dans l'Antiquité, au long des siècles qui précédèrent immédiatement la fondation de l'Empire. L'idée sous-tendant officiellement le projet était que chacun devait s'exprimer, dire les critiques qu'il jugeait nécessaires, faire des propositions : le gouvernement s'en servirait pour améliorer son action et accomplir les réformes nécessaires. En fait, Mao et ses hommes voulaient simplement inciter les opposants à parler pour mieux les connaître, mesurer l'ampleur de la contestation et la tuer dans l'œuf. Le projet réussit au-delà de l'espérance de ses concepteurs, qui usèrent et abusèrent allégrement de la méthode : relançant périodiquement des campagnes antidroitières, ils enfermaient les individus hostiles au régime (ou supposés tels) dans des camps. En l'espace de trente ans, de 1949 à 1979, au moins 20 millions de prisonniers firent ainsi l'expérience amère, et le plus souvent dramatique, de la « réforme par le travail » (*laogai*) et de la « rééducation par le travail » (*laojia*).

Non content d'agir en maître penseur et d'éradiquer physiquement l'opposition, Mao tenta aussi de se poser en économiste. Il déclarait avoir inventé une nouvelle théorie : jusqu'à la disparition du Grand Timonier, ses thuriféraires enseignèrent dans le monde entier comment il avait su adapter aux campagnes chinoises, et en plein XXe siècle, les définitions marxistes des prolétariats et sous-prolétariats urbains imaginées dans le cadre de l'industrialisation européenne du XIXe siècle.

La première manifestation concrète de ce marxisme maoïste, ou de ce maoïsme marxiste à visées paysannes, fut le lancement du Grand Bond en avant (1958-1962), correspondant au deuxième plan quinquennal. L'une des réalisations les plus durables et les plus spectaculaires – celle des communes populaires – se traduisit, dans un premier temps, par le dépeuplement d'immenses zones rurales et un fantastique afflux vers les villes de paysans fuyant l'embrigadement. Les résultats ne se firent pas attendre : en 1959, le Tibet se soulevait, tandis que l'URSS de Khrouchtchev retirait son aide économique (juin 1960) à son (mauvais) élève chinois, aussi peu orthodoxe sur le plan de la doctrine, qu'efficace sur celui de la production. Mao, pris dans la tourmente qu'il avait lui-même fait lever, dut céder la direction de l'État à Liu Shaoqi. Il était temps : le spectre de la famine rôdait dans les campagnes et devait y rester pendant deux ans (1960-1961). Les estimations les moins pessimistes font état, en ces longs mois difficiles, d'au moins 15 millions de morts de faim ou des suites des privations endurées.

À côté de Liu Shaoqi, cependant, œuvrait un personnage dont on devait reparler : Deng Xiaoping. Il contribua notablement à faire annuler le Grand Bond en avant, tout comme sa politique catastrophique de petite industrialisation des villages. Les champs furent rendus à l'agriculture et des populations de paysans déracinés commencèrent à refluer au pays natal. Du Grand Bond en avant, il ne resta au bout du compte que quelques barrages et hauts fourneaux miniatures, dont les carcasses vides apparaissent parfois encore dans le paysage rural, comme autant d'épaves, conçues à l'encontre du cours que suit habituellement le développement technologique dans les autres pays.

LES RÉVOLUTIONS CULTURELLES

Pour un étranger, l'affaire était incompréhensible. Qui cherchait, en ce mois de juillet 1966, à obtenir un visa pour Pékin se voyait aimablement et implacablement refoulé, renvoyé à demain – même quand on était français

– et donc bien vu depuis que le général de Gaulle avait reconnu le gouvernement de Chine populaire en 1964 –, même quand on séjournait à Hong-Kong, où le consulat chinois se montrait habituellement plutôt généreux. Mais dans ces semaines-là, le « rideau de bambou », comme aimaient à le nommer les commentateurs occidentaux, restait irrémédiablement fermé. Tout le monde finit par s'y faire : il ne devait s'entrouvrir à nouveau qu'en 1972.

Tout cela parce qu'en Chine Mao se sentait en perte de vitesse, confondu par ses échecs économiques retentissants, contesté pour son intransigeance doctrinale fumeuse et repoussé au rang vénérable de grand fondateur, c'est-à-dire exclu de l'action directe.

Pour faire pièce à ses camarades de combat qui le mettaient ainsi avec beaucoup d'égards sur la touche, Mao rameuta donc les seuls qui pouvaient encore croire en lui : les jeunes, voire les très jeunes. Il les mua en de terribles machines de guerre lancées contre ses contemporains et tous ceux qui, d'une manière ou d'une autre, détenaient une parcelle d'autorité. Ainsi venait de commencer la Révolution culturelle. La littérature chinoise des années 80 – bien illustrée par de multiples traductions en langues occidentales – en a diffusé auprès d'un large public les « cicatrices » ineffaçables, défigurant tant les âmes que les corps de victimes innombrables.

Il y eut pourtant une sorte d'embellie, quand le gouvernement de Pékin présenta, d'abord à Paris (1973), puis à travers le monde, la première grande exposition de son patrimoine archéologique – indéniable opération de prestige, menée cependant par des hommes qui pouvaient montrer, aussi, une grande culture et du désintéressement, comme Zhou Enlai et Guo Moruo. Mais les portes se refermèrent aussi vite qu'elles s'étaient entrebâillées. Dès 1974, les intellectuels furent en masse déportés en province afin d'y apprendre le métier que les lettrés chinois avaient toujours porté théoriquement aux nues (sans le pratiquer) : celui de paysan. Les étudiants étrangers effectuant des stages linguistiques durent suivre le mouvement. Bien des amitiés naquirent alors, entre jeunes bourgeois d'Occident, brutalement projetés dans des campagnes d'un autre âge, et leurs familles d'accueil. La dureté de la vie endurée ensemble et la découverte de mondes que les uns comme les autres ignoraient les lièrent parfois durablement.

Pendant ce temps, l'entourage d'un Mao vieillissant commençait à préparer sa succession et la sortie d'un cauchemar qui devrait bien finir un jour. L'épouse du dictateur, la tristement célèbre Jiang Qing, continuait d'imposer plus férocement que jamais la disparition des livres (à l'exception du fameux *Petit livre rouge*, élevé au rang de bible du bon citoyen) et la réduction de toute la création artistique à la célébration du seul culte du Grand Timonier et de sa compagne.

En janvier 1975, Zhou Enlai annonça certes les « quatre modernisations », mais il fallut attendre encore un an pour que la bande des Quatre (Jiang Qing et ses acolytes) puisse être pour de bon éliminée (début 1976). Puis, enfin, Mao mourut (le 9 septembre 1976). Mais deux ans passèrent encore avant que le XIIIe plénum du Parti communiste chinois ne lance enfin les réformes (décembre 1978) tant attendues.

LA LIBÉRALISATION ?

Celles-ci furent menées de fait, et de manière dictatoriale, par le groupe central du Parti communiste qui en édicta (printemps 1979) les quatre principes fondamentaux. Elles donnèrent aussitôt des résultats inespérés. La production agricole – dont les paysans furent autorisés à vendre une partie sur des marchés libres – s'envola comme par enchantement. En 1982, Deng Xiaoping, le grand inspirateur et organisateur de ce mieux-être, passait à la fois pour le père et le libérateur de la nation. Et les agriculteurs, après avoir été les parias des communes populaires, accumulaient les richesses, bâtissaient enfin les belles maisons de briques dont ils rêvaient et alimentaient les comptes des banques populaires.

Ce que les Occidentaux ne comprirent généralement pas à ce moment était que ce mouvement n'avait rien de « libéral », pas plus que la démocratisation ne pouvait, et ne peut encore, sortir comme par enchantement et inévitablement de la réforme économique. Le délit contre-révolutionnaire, inscrit dans le droit chinois en 1949, existe toujours et, si les camps de travaux forcés n'ont plus pour but de rééduquer les citoyens dévoyés, ils n'en ont pas disparu pour autant : intégrés à l'économie nationale grâce à des sociétés de couverture, ils canalisent les détenus vers les autels de la productivité et de l'exportation de produits fabriqués à bas prix. Les Cassandre de tous horizons disent qu'il n'y a pour l'instant qu'un seul gagnant : le profit – cette notion même qui faisait tant horreur à Confucius, elle et seule qui anime désormais des villes entières où s'affirment à nouveau les vieux clivages entre extrême richesse et grande pauvreté.

Ce n'est pas un hasard si Deng Xiaoping – homme du Sichuan –, voulant relancer l'activité du pays après le choc politique de Tian'anmen, a enraciné les projets auxquels il tenait le plus très loin de la capitale : au Guangdong, où se trouvent les zones économiques spéciales, devenues bien vite, dans la presse étrangère, la *Gold Coast*. Il fallait s'éloigner de Pékin pour échapper à la lourdeur et aux archaïsmes du Parti, certes, mais aussi pour respecter les soucis d'un honnête gestionnaire. Si l'expérience connaissait le succès, tout le monde en profiterait ; si, à l'inverse, elle échouait, le gouvernement central n'en serait pas éclaboussé. La simple prudence affleure toujours en Chine derrière les décisions les plus radicales.

Et pourtant, les observateurs pressés n'en tiennent aucun compte. Oublieux de ce point d'équilibre – le « juste milieu », comme le traduisaient les jésuites – auquel Confucius recommandait tant de se tenir, et même de s'accrocher, ils tombent généralement dans deux pièges : ne voir que les progrès de cette large frange « aurifère » ou ne prendre en compte que le retard de l'ouest du pays, mi-pleurant, mi-s'extasiant sur le sort des pêcheurs et des minuscules exploitants agricoles qui vivent encore comme au temps de l'an 1 000. En fait, zone ouest et zone côtière ont vécu et vivent toujours décalées, même si la facilité des communications entraîne aujourd'hui une plus grande et plus rapide diffusion des formes de vie modernes.

Mais il existe une véritable disparité culturelle, au moins aussi visible que la disparité économique et beaucoup plus difficile à combler. L'enclavement, l'isolement de certaines régions risque de les rejeter pour longtemps en dehors de la nation dont les espaces les plus favorisés sont en train d'inventer une forme de nouvelle Chine : une sorte de culture urbaine internationale, futuriste et en même temps branchée sur un passé reconstitué, imaginaire. Une culture typiquement citadine et médiatique que la Chine, majoritairement paysanne, ne connaissait pas.

Le gouvernement, pour sa part, accompagne le mouvement sans perdre de vue ses objectifs, surtout quand ils sont porteurs de signification : Hong-Kong rentrant dans le giron continental en est un symbole puissant, tout comme les mesures sévères prises et réitérées constamment à l'encontre des tendances non alignées issues des événements de Tian'anmen.

Pékin a montré depuis longtemps sa capacité à surmonter – sans compassion – les pires contestations et à gérer sans états d'âme les situations les plus dramatiques. La vie continue, violente par nature. L'histoire chinoise est une suite à jeu ouvert.

La conscience concerne d'abord le passé. Il ne peut y avoir en nous de phénomène de conscience sans connaissance... Que ce soit un connu de façon perceptive, intellectuelle, intuitive, directe ou indirecte, claire et distincte ou vague et peu différencié, formulée ou informulée, un phénomène de conscience est une présence de connu. Or, il ne peut y avoir de connu que du passé. Inversement... ce que nous appelons passé est le connu qui n'est pas – ou n'est plus – perçu (le perçu étant identifié avec le présent) et ce que nous appelons futur est, tout simplement, l'inconnu. La conscience, présence du connu, est donc en nous présence du passé.

Henri ATLAN, *Entre le cristal et la fumée*, Paris, Le Seuil, 1979, p. 140.

CHRONOLOGIE

– 5000

Plein **Néolithique**. Céramique de Yangshao.

– 3000

Néolithique final. Céramique de Longshan et de Dawenkou (Shandong).
Cultures de Hongshan (Liaoning) et de Liangzhu (Shanghai).

– 2000

Étape dite des Xia (Erlitou, au Henan).

– 1700

Âge du **Bronze**. Dynastie des Shang.

– 1400

Transfert de la capitale à Anyang.

– 1100

Zhou occidentaux.

– 770-453

Période dite des PRINTEMPS ET DES AUTOMNES.
Âge du **Fer**.

– 563

Date traditionnelle de la naissance du Bouddha.
551-479 : *Confucius.*
478 : Construction du premier temple de Confucius.

– 475-221

Période des ROYAUMES COMBATTANTS.

– 221

Fondation de l'Empire : règne de QIN SHIHUANGDI (mort en 210 avant notre ère).

– 206-24

Dynastie des **HAN OCCIDENTAUX.**

9-24 : Usurpation de Wang Mang.

25-220

Dynastie des **HAN ORIENTAUX.**

220-265

Période des **TROIS ROYAUMES** : Wei (220-265), Wu (222-280), Shu (221-263).

265-316

Dynastie des **JIN OCCIDENTAUX.**

317-420

Dynastie des JIN ORIENTAUX (capitale : Nankin).

420-581

Époque dite des **DYNASTIES DU NORD ET DU SUD.**

386-534

Dynastie des WEI SEPTENTRIONAUX.

496

Les Wei septentrionaux unifient le Nord de la Chine et transportent leur capitale à Luoyang.

589-618

Réunification totale de la Chine sous la dynastie des **SUI.**

618-907

Dynastie des **TANG.**

626-649

Règne de Taizong.

629 : Xuanzang quitte la Chine pour se rendre en Inde.
630 : L'empereur Taizong des Tang fait construire dans toute la Chine des temples de Confucius.

649-683

Règne de Gaozong.

684-704 : Règne de l'impératrice Wu (Wu Zetian).

694 : Le culte manichéen est autorisé à la cour.

712-756

Règne de Xuanzong.

755 : Révolte d'An Lushan.
845 : Proscription des religions étrangères (le bouddhisme est le premier visé).

907-960

Époque dite des **CINQ DYNASTIES.**

916-1125

Dynastie Qidan des LIAO, dans le nord de la Chine.

960-1127

Dynastie des SONG (**SONG SEPTENTRIONAUX**).

1100-1125

Règne de Huizong.

1115-1234

Dynastie Jurchet des **JIN**, au nord de la Chine.

1127-1279

Dynastie chinoise des **SONG MÉRIDIONAUX.**

1234 : Les Jin, en Chine du Nord, disparaissent sous les coups des Mongols.

1260-1294

Règne de Qubilai (nom de règne chinois : Shizong).
1274 : Les Mongols tentent de débarquer au Japon.

1271-1368

Dynastie mongole des **YUAN**.

1275-1291 : Marco Polo au service de Qubilai.
1279 : Les Yuan règnent sur l'ensemble de la Chine.
1281 : Construction de Dadu, ou Khanbaliq (Pékin), capitale des Yuan, en Chine.
Seconde tentative mongole d'invasion du Japon.

1368-1644

Dynastie chinoise des **MING**.

Règne de Hongwu (1368-1399).
Règne de Yongle (1403-1425).
Début de l'âge d'or des « bleu-et-blanc » (*qinghua*).
Règne de Wanli (1573-1620).
1583 : Réforme fiscale du « coup de fouet unique ».
Matteo Ricci arrive à Macao.
1601 : Matteo Ricci s'installe à Pékin.

1616

Nurhaci, chef des Mandchous, fonde la dynastie des Jing postérieurs.

1621-1625

Règne de Tianqi.
Puissance de l'eunuque Wei Zhongxian. Le parti Donglin tente de lui résister.
1622 : Les Hollandais cherchent à prendre Macao aux Portugais.

1625

1621 : Nurhaci installe sa capitale à Moukden (Shenyang).
1624 : Les Hollandais s'établissent à Formose.
1628-1644 : Règne de Chongzhen.
1629 : Abahai campe aux portes de Pékin.
1630 : Coalition des « huit rois » (dont Li Zicheng).
Zheng Zhenggong se rallie aux Ming.
1636 : Abahai prend le nom dynastique de Quing.
1637 : Organisation des Mandchous en « huit bannières ».

1644-1911

Dynastie mandchoue des **QING.**

1644-1661 : Règne de Shunzhi.
1659 : Le père Ferdinand Verbiest entre en Chine.
1661 : Shunzhi meurt de la variole.
Les Russes arrivent sur le fleuve Amour.

1662-1723

Règne de Kangxi.

1664 : Yang Guangxian lance le mouvement antichrétien.
1665 : Édit antichrétien.
1667 : Le jeune Kangxi prend personnellement le pouvoir.
Les Qing prennent le contrôle du Fujian.
1668 : Huang Zongxi fonde à Ningbo l'académie Zhengren, pour rompre avec la tradition scolaire des Ming, fondée sur l'art de la citation.

1669 : Le père Verbiest et ses confrères reprennent leur place au bureau du calendrier.
1671 : Code des Qing.
1674 : Révolte des Trois Feudataires (Fujian, Guongdong, Sichuan, Yunnan). Wu Sangui appelle à la révolte nationale contre les Mandchous.
1676 : Soumission du Fujian.
1677 : Soumission de Canton.
1678 : Mort de Wu Sangui.
1681 : Occupation du Yunnan ; c'est la fin de la révolte des Trois Feudataires.
1682 : Nomination d'un gouverneur russe à Albazin, sur l'Amour. Wu Li entre dans la compagnie de Jésus.
1683 : Annexion du royaume autonome de Taiwan.
1688 : Wu Li est ordonné prêtre.
1689 : Traité sino-russe de Nertchinsk : l'Amour reste à la Chine.
1691 : Soumission de la Mongolie et établissement de son statut.
1692 : Édits de tolérance en faveur du christianisme.
1696 : Les troupes chinoises écrasent Galdan (chef dzoungar, c'est-à-dire des Mongols occidentaux).
1715 : Rome condamne les « rites chinois ».
1717 : Kangxi interdit la prédication du christianisme.
1720 : Invasion du Tibet, placé sous protectorat chinois, sous la raison officielle qu'il faut le protéger des visées mongoles.
1722 : Le 20 décembre : mort de Kangxi.

1723-1736

Règne de Yongzheng.

1724 : Expulsion de tous les missionnaires, sauf les savants et ingénieurs.
1731 : Reprise de la lutte contre les Dzoungars.

1736-1796

Règne de Qianlong.

1736 : Qianlong.
Interdiction du christianisme.

1740 : Création du Nanfu : organisme chargé des spectacles à la cour.
1750 : Révolte du Tibet.
1757 : Annexe de la Dzoungarie, par le général Zhao Hui : les Dzoungars, décimés, sont remplacés par des colons venus de Chine.
1759 : Le général Zhao Hui conquiert le Xinjiang.
1761 : Création de la société secrète du Ciel et de la Terre (*Tiandihui*).
1775 : Campagne contre les Miao du Guizhou.
1790 : Fêtes du 80e anniversaire et de la 55e année de règne de Qianlong.
1792 : Campagne du Népal ; les Gourkhas se reconnaissent tributaires de la Chine.

1796-1821

Règne de Jiaqing.

1805 : Édit de persécution contre les chrétiens.
1813 : La société secrète de la Raison céleste (issue du Lotus blanc) attaque le Palais impérial.

1821-1851

Règne de Daoguang.

1839 : Suspension de tout commerce avec la Grande-Bretagne.
1840 : Guerre de l'Opium.
1842 : Les Anglais commencent à s'installer à Hong-Kong.
Traité de Nankin : ouverture aux étrangers des ports de Canton, Xiamen, Fuzhou, Ningbo, Shanghai.
1844 : Traités de Whampoa : l'un règle les rapports avec les Américains, l'autre les rapports avec les Français.
1850 : Révolte des Taiping, au Guangxi.

1851-1862

Règne de Xianfeng.

1853 : Les Taiping prennent Nankin : Hong Xiuquan fonde le *Taiping tianguo*. Les Taiping se préparent à attaquer Shanghai et marchent sur Tianjin.

1856 : Révolte des musulmans du Yunnan.
1860 : Sac du palais d'Été.
Traités de Pékin ; début du mouvement des Affaires occidentales (*Yangwu yundong*).

1862-1875

Règne de Tongzhi.

1865 : La Kachgarie se déclare indépendante.
1870 : Des Français sont tués à Tianjin.

1875-1908

Règne de Guangxu.

1877 : Nouvelle annexion de la Kachgarie.
1879 : Le Japon annexe les Liuqiu (Ryûkyû).
1880-1881 : Guerre sino-russe.
1884-1885 : Guerre sino-française.
1887 : Début de crues catastrophiques dans le bassin du fleuve Jaune. Elles dureront jusqu'en 1890.
1894-1895 : Guerre sino-japonaise. Traité de Shimonoseki : le Japon prend Taiwan.
Début du mouvement *yangwu* (pour l'occidentalisation des techniques, tout en préservant la culture chinoise).
1897 : La société secrète des Grands Couteaux s'en prend aux Allemands ; en représailles, ces derniers s'installent à Qingdao (Shandong).
1898 : La Russie s'installe à Port-Arthur (Dalian), la Grande-Bretagne au Shandong.
Les Cent jours de réformes.
Les Français commencent la construction du chemin de fer du Yunnan.
1899-1900 : Révolte des Boxeurs (Yihequan). Siège des légations. Fuite de la cour à Xi'an. Retour au calme. Début de la « nouvelle politique » (*xinzheng*) de Cixi. Les Russes, ayant achevé la construction du transmandchourien, s'installent en Mandchourie.

1902 : La Grande-Bretagne promet d'appuyer le Japon en cas de guerre avec la Russie.
1905 : Guerre russo-japonaise. Défaite de la flotte russe à Tsushima. Traité de Portsmouth. Abolition du système des examens officiels.
1908 : Mort de Guangxu et de Cixi.
1909 : Établissement des assemblées provinciales et d'une Assemblée nationale.
Les notables de Shanghai réclament une Constitution.

1909-1912

Règne de Xuantong (Puyi).

Les Français achèvent la construction du chemin de fer du Yunnan.
1911 : 2 octobre : soulèvement de la garnison de Wuchang. Proclamation de la République.
1912 : 1er janvier : fondation de la République à Nankin.
12 février : Puyi remet le pouvoir entre les mains de Yuan Shikai ; disparition officielle de la dynastie des Qing.
25 août : congrès de fondation du *Guomindang*.
1913 : Dissolution du Guomindang.
1914 : Renvoi du Parlement ; dissolution des assemblées régionales
1916 : 6 juin : mort de Yuan Shikai. Début de l'ère dite des « seigneurs de la guerre ».
1919 : 4 mai : manifestation des étudiants de Pékin et lancement du mouvement de réforme culturelle de la société.
1920 : 8 juillet : fondation du Parti nationaliste chinois (*Zhongguo guomindang*).
1921 : 1er juillet : fondation, à Shanghai, du Parti communiste chinois (*Zhongguo gongchangdang*).
1927 : Jiang Jieshi (Chiang Kai-chek) lâche les communistes.
1937 : Début de l'invasion japonaise.

1949

RÉPUBLIQUE POPULAIRE.

1949 : Victoire des communistes. Fondation de la République populaire.

BIBLIOGRAPHIE

La bibliographie relative à l'histoire chinoise, comme on sait, est foisonnante. Il n'est donc pas question d'en dresser ici un quelconque catalogue. Il semble intéressant, en revanche, de signaler un choix d'ouvrages parus en Occident au cours des dix dernières années pour la plupart : des travaux d'une grande qualité, tout en restant susceptibles d'intéresser un public assez large. Leur simple liste donne la mesure de l'intérêt suscité par le sujet et des multiples facettes de la recherche.

Une dernière précision : cette *Histoire de la Chine* est délibérément conçue pour les non-spécialistes ; elle est faite pour éveiller, et non pour enseigner. Les titres en chinois n'ont donc pas leur place ici. Les sinisants qui, d'aventure, viendraient à lire ce livre pourront se reporter à la *Revue bibliographique de sinologie* (Paris, publications de l'École des hautes études en sciences sociales, un numéro annuel) : ils y trouveront, classées par matière et par époques, des présentations des principaux titres à connaître, tant en langues occidentales qu'en chinois ou en japonais.

Histoire de la Chine

OUVRAGES GÉNÉRAUX

ALLETON, Viviane, *Les Chinois et la passion des noms*, Paris, Aubier, 1993. 275 p.
BROC, Numa, *Dictionnaire illustré des explorateurs et grands voyageurs français du XIX*ᵉ *siècle*, tome II : *Asie*, Paris, éditions du Comité des travaux historiques et scientifiques, 1992. xxvi + 452 p.
DARROBERS, Roger, *Le Théâtre chinois*, Paris, Presses universitaires de France (collection « Que sais-je ? »), 1995. 128 p.
DESPEUX, Catherine, *Taoïsme et corps humain : le* Xiuzhentu, Paris, Guy Trédaniel, 1994. 237 p.
ELISSEEFF, Danielle, *La Femme au temps des empereurs de Chine*, 2ᵉ éd., Paris, Hachette, « Le Livre de poche », 1991.
ELISSEEFF, Danielle et Vadime, *La Civilisation chinoise classique*, Paris, Arthaud, 2ᵉ éd., format de poche, 1988. 600 p.
FAIRBANK, John King, *China. A New History*, Cambridge, MA, The Belknap Press of Harvard University Press, 1992. xvii + 519 p.
GERNET, Jacques, *Le Monde chinois*, Paris, Armand Colin, 1990.
L'Intelligence de la Chine. Le social et le mental, Paris, Gallimard, 1994. 395 p.
HENRIOT, Christian (éd.), *La Femme en Asie orientale. Politique, société, littérature*, Lyon, université Jean-Moulin, Lyon III, Centre rhônalpin de recherche sur l'Extrême-Orient contemporain, 1988. 129 p.
JULLIEN, François, *Le Détour et l'Accès. Stratégies du sens en Chine, en Grèce*, Paris, Grasset, 1995. 350 p.

Éloge de la fadeur. À partir de la pensée et de l'esthétique de la Chine, Paris, Philippe Picquier, 1991. 142 p.
KRIEGER, Silke, Trauzettel, Rolf (eds.), *Konfuzianismus und die Modernisierung Chinas*, Mainz, Hase und Koehler, 1990.
LAGERWAY, John, *Le Continent des esprits : la Chine dans le miroir du taoïsme*, Bruxelles, La Renaissance du livre, 1991. 172 p.
NEEDHAM, Joseph (Georges Métailié éd.), *Dialogue des civilisations : Chine-Occident, pour une histoire œcuménique des sciences*, Paris, La Découverte, 1991. 367 p.
ROBINET, Isabelle, *Histoire du taoïsme des origines au XIVe siècle*, Paris, éditions du Cerf, 1991. 269 p.
Introduction à l'alchimie intérieure taoïste. De l'unité et de la multiplicité, Paris, éditions du Cerf, 1995. 276 p.
SENGER, Harro von, *Stratagèmes, trois millénaires de ruses pour vivre et survivre*, préface de Jacques Gernet, Paris, Interéditions, 1992. 296 p.
VANDERMEERSCH, Léon, MIZOGUCHI Yuzo, *Confucianisme et sociétés asiatiques*, Paris, L'Harmattan, 1991. 190 p.
WATSON, William, *L'Art de l'ancienne Chine*, Paris, Mazenod-Citadelle, 4e éd., 1993. 550 p.
The Arts of China to AD 900, New Haven, Yale University Press, 1995. 276 p.

OUVRAGES CLASSÉS PAR ORDRE CHRONOLOGIQUE

Antiquité

LÉVY, André, *Les* Entretiens *de Confucius et de ses disciples*, Paris, Flammarion, 1994. 256 p.
PHILASTRE, Paul-Louis-Félix (trad.), *Le* Yijing, Paris, Zelma, 1992. 890 p. (présentation de François JULLIEN).

Histoire de la Chine

SCARPARI, Maurizion, *La Concezione della natura umana in Confucio e Mencio*. Venezia, Cafoscarina, 1991. 218 p.
China's Buried Kingdoms, Alexandria, VA, Time-Life Books, 1993. 168 p.

Les premiers empires
BLANCHON, Flora (éd.), *Les Guerriers de l'éternité*, Metz, éditions Serpenoise, 1992. 88 + xxx p.
DEAN Kenneth, MASSUMI, Brian, *First and Last Emperors. The Absolute State and the Body of the Despot*, Brooklyn, NY, Autonomedia, 1992. 208 p.
IDEMA, W. L., ZÜRCHER, E., (eds.), *Thought and Law in Qin and Han China*, Leiden, E. J. Brill, 1990. ix + 244 p.
LE BLANC, Charles, MATHIEU, Rémi (éds.), *Mythe et philosophie à l'aube de la Chine impériale. Études sur le Huainanzi*, Montréal, Les Presses de l'université de Montréal/Paris, De Boccard, 1992. 240 p.
LOEWE, Michael, *Divination, Mythology and Monarchy in Han China*, Cambridge, Cambridge University Press, 1994. xix + 353 p.
PIRAZZOLI-T'SERSTEVENS, Michèle, *La Chine des Han, histoire et civilisation*, Fribourg, Office du livre, 1983. 300 p.
THOTE, Alain (éd.), *Chine antique : voyage de l'âme*, Daoulas, Centre culturel abbaye de Daoulas, 1992. 100 p.

Les dynasties du Nord et du Sud
LIU MING-WOOD, *Madhyamika Thought in China*, Leiden, E. J. Brill, 1994. xiii + 261 p.
ZÜRCHER, Erik, *Bouddhisme, christianisme et société chinoise*, Paris, Julliard, 1990. 95 p.

Dynastie des Tang
BOL, Peter K., *«This Culture of Ours ». Intellectual Transitions in T'ang and Sung China*, Stanford, Stanford University Press, 1992. 519 p.
EBREY, Patrica B., Peter, N., Gregory, (eds.), *Religion and Society in T'ang and Sung China*, Honolulu, University of Hawai'i Press, 1993. 379 p.
FAURE, Bernard, *Le Bouddhisme Ch'an en mal d'histoire. Genèse d'une tradition religieuse dans la Chine des T'ang*, Paris, École française d'Extrême-Orient, 1989. xii + 245 p.
KUO Li-ying, *Confession et contrition dans le bouddhisme chinois du ve au xe siècle*, Paris, École française d'Extrême-Orient, 1994. 236 p.
MAYER, Alexander Leonhard, Röhrborn, Klaus (eds.), *Xuanzangs leben und Werk. 1 : Xuanzang, Übersetzer und Heiliger*, Wiesbaden, Otto Harassowwitz, 1992. 388 p.
TEISER, Stephen F., *The Scripture on the Ten Kings and the Making of Purgatory in Medieval Chinese Buddhism*, Honolulu, University of Hawai'i Press, 1994. 340 p.
VERELLEN, Franciscus, *Du Guangting (850-933), taoïste de cour, à la fin de la Chine médiévale*, Paris, Collège de France, 1989. 2 + 5 + 263 p.

Dynastie des Song
EBREY, Patricia Buckley, *Chu Hs'i Family Rituals. A Twelfth Century Chinese Manual for the Performance of Cappings, Weddings, Funerals and Ancestral Rites*, Princeton, Princeton University Press, 1991. xxxi + 234 p.
GRAHAM, A.C., *Two Chinese Philosophers. The Metaphysics of the Brother Ch'eng*, La Salle, Open Court, 1992. xxiii + 201 p.

HYMES, Robert P., SCHIROKAUER, Conrad, *Ordering the World. Approaches to State and Society in Sung Dynasty*, Berkeley, CA, University of California Press, 1993. 437 p.
LEE, H. C. Thomas, *Government Education and Examinations in Sung China*, Hong-Kong, The Chinese University Press, 1985. xi + 327 p.
MCKNIGHT, Brain E., *Law and Order in Sung China*, Cambridge, Cambridge University Press, 1992. 541 p.
TILLMAN, Hoyt Cleveland, *Confucian Discourse and Chu Hsi's Ascendancy*, Honolulu, University of Hawai'i Press, 1992. xv + 328 p.

Dynastie des Yuan
FRANKE, Herbert, *China under Mongol Rule*, Aldeshot (Hamsphire, UK), Variorum, 1994. x + 324 p.
ONON URGUNGE, *The History and the Life of Chinggis Khan. The « Secret History of the mongols »*, Leiden, E. J. Brill, 1990. xx + 183 p.
RACHEWILTZ, Igor de, CHAN Hok-lam, HSIAO Ch'i-ch'ing, GEIER, Peter W. (eds.), *In the Service of the Khan. Eminent Personalities of the Early Mongol-Yuan Period (1200-1300)*, Wiesbaden, Otto Harrassowitz, 1993. xlvi + 808 p.
ROSSABI, Morris, *Kubilai Khan, empereur de Chine*, Paris, Librairie académique Perrin, 1991. 261 p.

Dynastie des Ming
CARRÉ, Dominique, DESROCHES, Jean-Paul, GODDIO, Franck (éd.), *Le San-Diego. Un trésor sous la mer*, Paris, Réunion des Musées nationaux, 1994. 379 p.
CARTIER, Michel, *Une réforme locale en Chine au XVIe siècle : Hai Rui à Chun'an, 1558-1562*, Paris/La Haye, Mouton, 1973.

DESROCHES, Jean-Paul (éd.), *Du Tage à la mer de Chine. Une épopée portugaise*, Paris, Réunion des Musées nationaux, 1992. 214 p.

LEVATHES, Louise, *When China Ruled the Seas. The Treasure Fleet of the Dragon Throne*, New York, Simon & Schuster, 1994. 252 p.

STRUVE, Lynn A., *The Southern Ming, 1644-1661* (cf. rbs 1985, n° 164).

TONG, James W., *Disorder under Heaven. Collective Violence in the Ming Dynasty*, Stanford, Stanford University Press, 1991. xvi + 325 p.

VÄTH, Alfons, VAN HEE, Louis, *Johann Adam Schall von Bell s.j. Missionar in China, kaiserlicher Astronom und Ratgeber am Hofe von Peking, 1592-1666*, Eins Lebens und Zeitbild. Nettelal, Steyler Verlag, 1991. 424 p.

VERGNAUD, Jean-François, *La Pensée de Gu Yanwu (1613-1682) : essai de synthèse*, Paris, École française d'Extrême-Orient, 1990. vi + 271 p.

Dynastie des Qing

BARTLETT, Beatrice S., *Monarchs and Ministers. The Grand Council in Mid-Ch'ing China, 1723-1820*, Berkeley, CA, University of California Press, 1991. xxi + 417 p.

BICKERS, Robert A., *Ritual and Diplomacy. The Macartney Mission to China, 1792-1794*, London, The Wellsweep Press, 1993. 93 p.

BUTEL, Paul, *L'Opium. Histoire d'une fascination*, Paris, Perrin, 1995. 493 p.

DURAND, Pierre-Henri, *Lettrés et pouvoir : un procès littéraire dans la Chine impériale*, Paris, éditions de l'École des hautes études en sciences sociales, 1992. 468 p.

JAMI, Catherine, DELAHAYE, Hubert (éds.), *L'Europe en Chine. Interactions scientifiques, religieuses et culturelles aux XVIIe et XVIIIe siècles*, Paris, Collège de France, Institut des hautes études chinoises, 1993. 256 p.

PEYREFITTE, Alain, *L'Empire immobile ou le choc des mondes*, Paris, Fayard, 1989. 552 p.

Un choc de cultures : la vision des Chinois, Paris, Fayard, 1991. 522 p.

REYNOLDS, Douglas *R., China, 1898-1912. The Xinzheng Revolution and Japan*, Cambridge, MA, Harvard University Press, 1993. xxi + 308 p.

WALTER, Xavier, *John Barrow, un Anglais en Chine au XVIIIe siècle*, Paris, Payot, 1994. 471 p. (préface d'Alain Peyrefitte).

WILL, Pierre-Étienne, « La paperasse au secours de l'homme. Communication et militantisme, 1600-1850 », in *Études chinoises*, XIII, 1-2, 1994, p. 65-108.

« Bureaucratie officielle et bureaucratie réelle : sur quelques dilemmes de l'administration impériale à l'époque des Qing », in *Études chinoises*, VIII, 1, 1989, p. 69-142.

Le XXe siècle : la République et la République populaire

BENTON, Gregor, *Mountain Fires. The Red Army's Three-Year War in South China, 1934-1938*, Berkeley, CA, University of California Press, 1992. xvi + 639 p.

BERGÈRE, Marie-Claire, *Sun Yat-sen*, Paris, Fayard, 1994. x + 538 p.

BERGÈRE, Marie-Claire, BIANCO, Lucien, DOMES, Jürgen, *La Chine au XXe siècle*, Paris, Fayard, 1990, 2 vol.

DOMENACH, Jean-Luc, RICHER, Philippe, *La Chine, 1949-1985*, Paris, Imprimerie nationale, 1987. 501 p.

GUILLERMAZ, Jacques, *Une vie pour la Chine. Mémoires 1937-1993*, 2e éd., Paris, Robert Laffont, 1994. ix + 447 p.
HENRIOT, Christian, *Shanghai 1927-1937 : élites locales et modernisation dans la Chine nationaliste*, Paris, École des hautes études en sciences sociales, 1991. 342 p. (*Cahiers du Centre Chine*, 7).
JOYAUX, François, *La Tentation impériale : la politique extérieure chinoise depuis 1914*, Paris, Imprimerie nationale, 1994. 426 p.
MCCORD, Edward A., *The Power of the Gun. The Emergence of Modern Chinese Warlordism*, Berkeley, CA, University of California Press, 1993. x + 436 p.
ROUX, Alain, *Grèves et politique à Shanghai. Les désillusions (1927-1932)*, Paris, éditions de l'École des hautes études en sciences sociales, 1995. 409 p.
Le Shanghai ouvrier des années trente : coolies, gangsters et syndicalistes, Paris, L'Harmattan, 1993. 334 p.
WOMACK, Brantly (ed.), *Contemporary Chinese Politics in Historical Perspective*, Cambridge, MA, Cambridge University Press, 1991. xiv + 334 p.

Les divisions administratives de la Chine
aujourd'hui
HEILONGJIANG
JILIN
LIAONING
XINJIANG
GANSU
NEIMENGGU
(MONGOLIE)
HEBEI
Pékin
(Beijing)
NINGXIA
QINGHAI
SHANXI
Huanghe
Huanghe
Huanghe
SHANDONG
Yangzi
XIZANG
(TIBET)
SHAANXI
HENAN
JIANGSU
ANHUI
SICHUAN
HUBEI
Yangzi
Yangzi
ZHEJIANG
HUNAN
JIANGXI
GUIZHOU
FUJIAN
YUNNAN
TAÏWAN
GUANGXI
GUANGDONG
HAINAN
Limite de division administrative

Le relief de la Chine

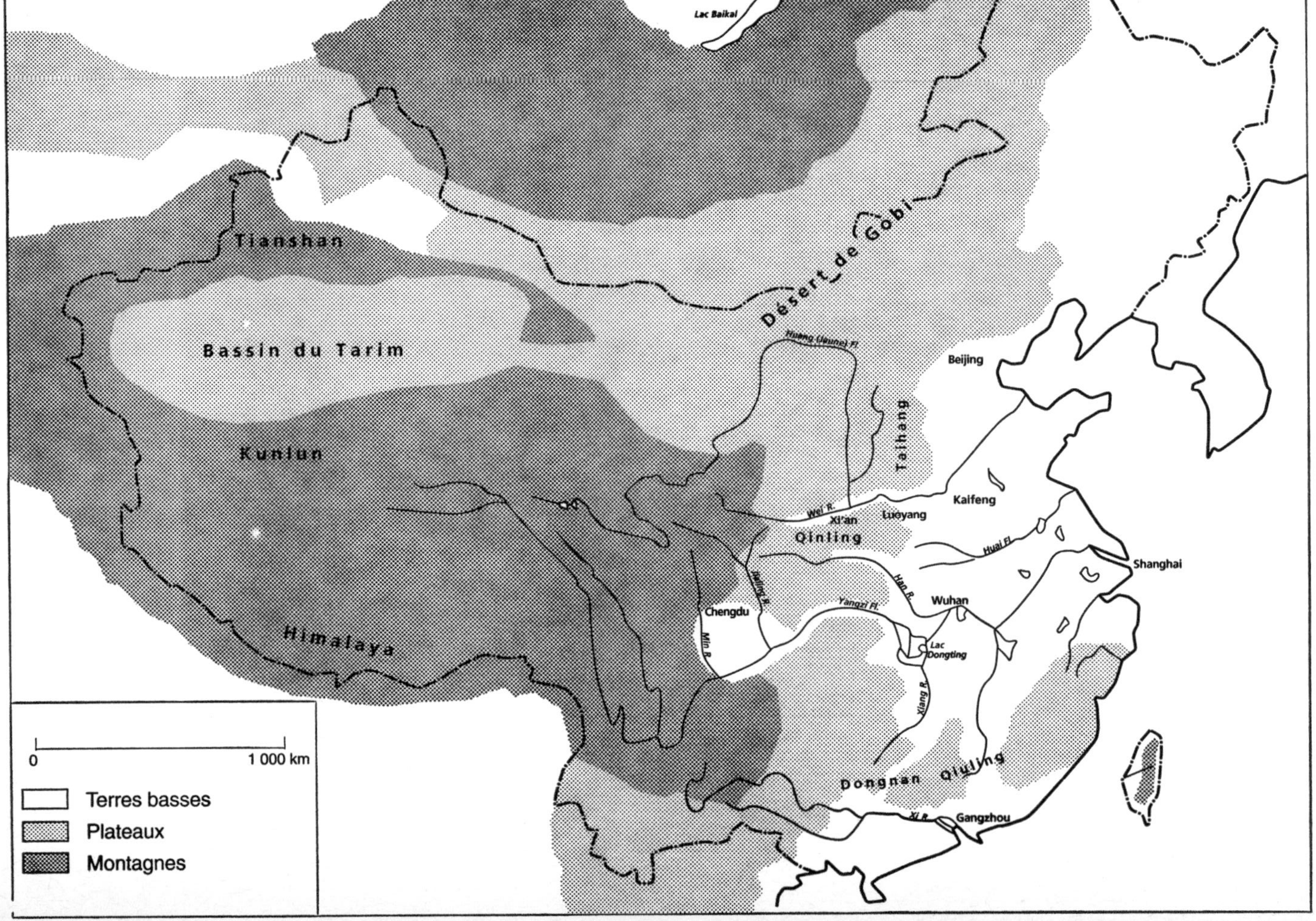

Carte effectuée d'après les données de *L'État du monde en 1492*, éditions La Découverte, 1992.

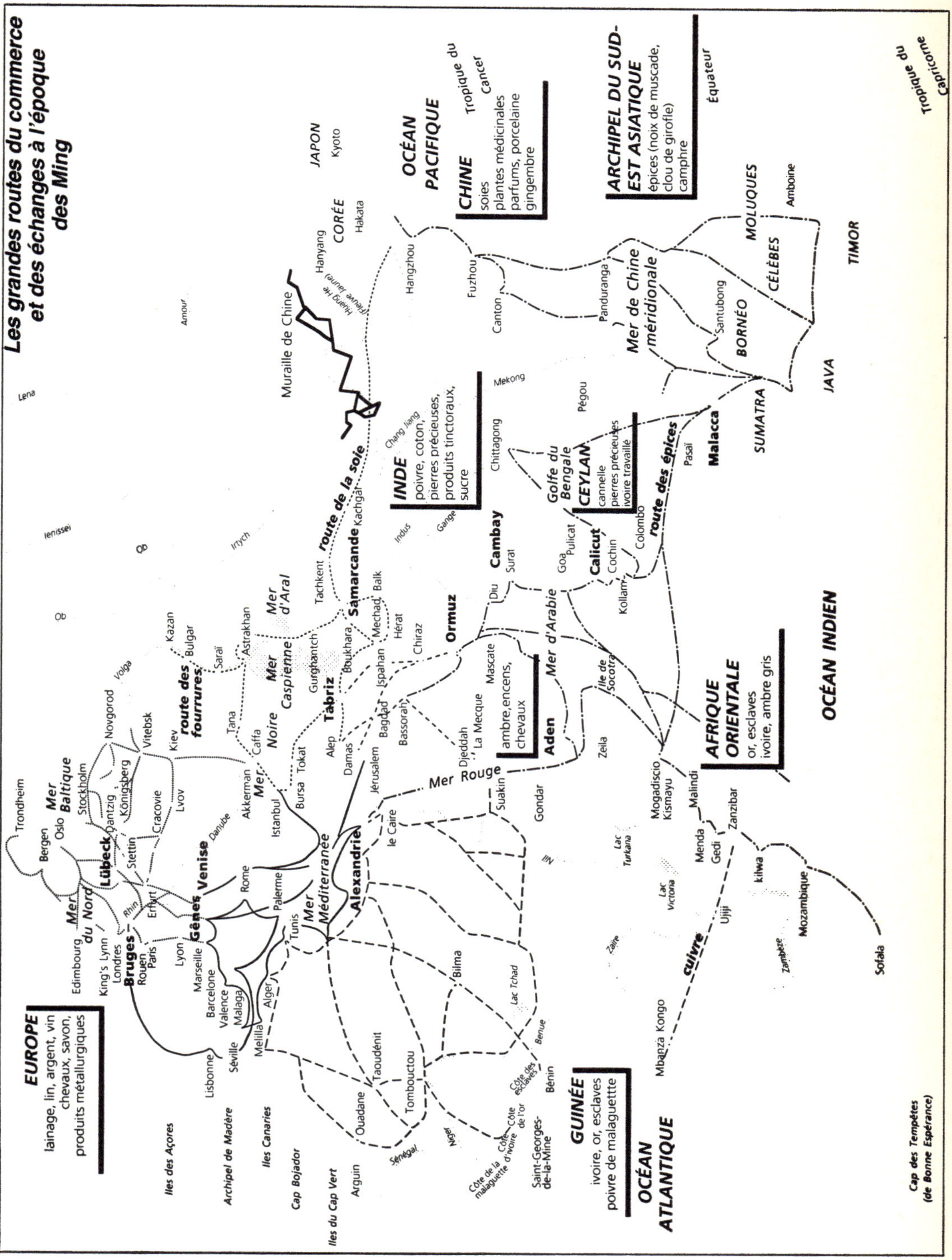

TABLE DES MATIÈRES

Impression réalisée sur CAMERON
par BRODARD ET TAUPIN
La Flèche
en mars 2003

Edition exclusivement réservée aux adhérents du club
Le Grand Livre du Mois
15 rue des Sablons
75116 PARIS
réalisée avec l'autorisation des Éditions du Rocher

Imprimé en France
Dépôt légal : mars 2003
N° d'impression : 17784